U0055229

凱南‧著

Kaohsiung x Kenan

凱南帶路遊高雄2

挖掘**鳳山**、**苓雅**、**前鎮**、**美濃**、**六龜**新路線，
輕鬆打造港都風潮小旅行**！**

【作者序】

　　旅遊，不僅僅只是興趣，也逐漸成為日常生活的一部分，自第一本《凱南帶路遊高雄》出版後，旅遊和工作幾乎劃上等號，越加密不可分，排行程、出遊、接案、採訪、拍照、寫部落格、寫書、投稿……是每天睡醒就必須面對的一件又一件事情，看似多采多姿的工作型態，過程其實並不如想像中輕鬆；但我可以很確定的是，每晚睡前，我都很期待隔天的到來，笑著進入夢鄉。

　　相隔半年多，我的第二本高雄旅遊書《凱南帶路遊高雄II》順利如期產出，這必須感謝從去年與我一直合作到現在的策劃公司的負責同仁，還有出版社盡心盡力的編排、設計、校稿，讓這本書有了最棒的樣貌呈現在讀者眼前，謝謝你們讓我在這段時間裡，能暫無後顧之憂地投入「寫書」工作；更要對願意一次次撥空陪著我深入高雄踩點、跑行程、吃美食的家人和朋友們表達深深感謝，因為有你們一起參與其中，這本書才能完成如此完整。

　　這次同樣是以高雄分區的「區域式」路線規劃，凱南親自為大家玩過好幾遍且真心推薦的鳳山區、苓雅區、前鎮區、美濃區和六龜區共五條高雄旅遊行程，規劃行程的習慣秉持不變，書中不光寫進各區域較常見的熟悉景點和美食，亦有時下爆紅的打卡熱點，以及許多漸被忽略掉、沒注意到的歷史留存景點和隱藏版小吃。

　　另外，每條路線內容仍以「旅遊日記」記錄著，寫入兒時回憶、親情、友情、旅途見聞、活動……等小故事，當讀者們翻開

書，除了找好吃的、好玩的，也能感受與一般市面旅遊工具書渾然不同的溫度感，看看我與「高雄」這城市相處多年下來的美好回憶。

　　大高雄的城與鄉，各有各的故事、各有各的特色、各有各的季節、各有各的風景，有幸能用寫書的方式來分享我眼中的高雄給大家知道，我尤其珍惜、感恩，而且也因有著讀者們過去長期的支持與鼓勵，我在撰寫這本《凱南帶路遊高雄II》時，始終充滿源源不絕的動力。

　　還記得幾個月前，某天寫著書稿的夜晚，廣播傳來一首旋律輕快的歌曲「出去走走」，一查才知道原來是2020高雄觀光主題曲，還是我個人很喜歡的歌手黃明志所演唱的，歌曲MV和歌詞都好有趣，我聽得入迷，當晚重複播了好幾遍……嗯……我其實想說的是，「高雄」總能很輕易地吸引到我們每個人，也許一首歌，或者一本書，很可能是一張照片和一篇文章，就能勾起內心蠢蠢欲動想旅遊高雄的衝動，期盼疫情能盡快過去，恢復旅遊風氣，到時候別忘了帶上《凱南帶路遊高雄II》這本書，一起來去到高雄走一走！

Contents
目次

Chapter ② 逍遙玩樂高雄苓雅區、城市風潮小旅行！

揮汗運動一上午、逛商圈百貨、文化中心走市集、
遊水塔地標。廟口前黑輪、市場愛玉冰、夜市果汁
和烤鴨老店通通吃起來！

Chapter ③ 高雄前鎮低碳旅遊不流俗！

　　　捷運+輕軌原來可以這樣玩

一天逛遊教堂風超商、文化地標圖書館、
台鋁舊廠房轉型貌、彩色貨櫃屋聚落、
拍過偶像劇的大型國際購物中心

Chapter ④ 老美濃新玩意兒！

專找在地私房小食 閒遊老建築、古蹟地標、
廢棄戲院、環湖賞花海 這是一條沒有客家民俗村
的美濃另類路線！

Chapter ⑤ 六龜山城慢食漫旅

地標大佛、低調粉圓冰、特產梅子風味餐、
獨創咖啡愛玉、望山賞花再去紓壓泡足湯！

Chapter 01
玩鳳山有意思
古城踩風騎乘行

古蹟／老廟／隱藏美食／公園／藝文中心／懷舊餐廳
賞遊驚喜多樣樂無窮

　　建城距今達兩百年以上悠久發展歷史的鳳山區，曾為當年重要的鳳山縣新城，又是南台灣數一數二的古城，因此，擁有多處古蹟遺址、城牆、砲台、廟宇祠堂，深入鳳山市街的骨髓裡，昔日的古樸景色時不時印入眼簾，如翻閱一頁又一頁的歷史讀物，玩得越透徹，越迷得無法自拔。必遊為供奉當地貢獻極深的鳳山知縣曹謹而建造的「曹公廟」和地方居民信仰中心「鳳邑城隍廟」兩座寺廟；還有鳳山重量級古蹟景點「鳳儀書院」。沿清幽閑靜的區內渠道「曹公圳」設置的步道前進，不久遇見目前僅存三座砲台之一的「平成砲台」，靠近的「中華街觀光夜市」可當作美食中繼站，為旅程補充點體力，而「老張愛玉冰」和「永昌綠豆湯」這兩間老字號店家是我最推薦的消暑解渴選擇！

　　中午時，來到市場裡尋覓隱藏版美食「蘇家古早麵」，傳統柴燒風味讓老麵店屹立不搖；接著去綠美化有成的「大東濕地公園」，因"鳳山版忘憂森林"美名爆紅的外拍秘境就在這，除了避暑散步還能兼拍照打卡；再來是公園對面的「大東文化藝術中心」朝聖熱門度高得厲害，結合多功能藝文設施，光在藝術概念圖書館中已能待上好幾個小時，室外廣場上的夜間燈光秀更是美到不行！行程最終一站要去吃「新台灣原味人文懷舊餐廳」的豐盛台菜料理。玩鳳山步調不用趕，節奏可以慢一點，或許讓你愛上鳳山的理由，就從這條路線找到的。

路線推薦

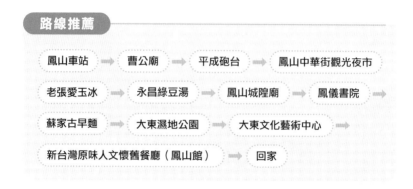

鳳山車站 ➡ 曹公廟 ➡ 平成砲台 ➡ 鳳山中華街觀光夜市

老張愛玉冰 ➡ 永昌綠豆湯 ➡ 鳳山城隍廟 ➡ 鳳儀書院 ➡

蘇家古早麵 ➡ 大東濕地公園 ➡ 大東文化藝術中心

新台灣原味人文懷舊餐廳（鳳山館）➡ 回家

童年裡，我常覺得自己是一個鳳山人

「小時候，我幾乎認為，鳳山就是我的第二個家。」到了現在，還是會這樣想。

國小、國中寒暑假一到，我和姊姊妹妹三人會安排一個週末，一起去找住在鳳山的姑丈姑姑玩上兩三天，那是我們每年寒暑假最感到興奮也是必做的事情。因為爸爸工作的性質無法連續休假，我們家很少有機會兩天一夜或三天兩夜休閒旅遊，或許是這樣，只要去住在鳳山姑丈家那幾天，對我來說就很符合「度假」的定義。

「姑丈！這禮拜我們想去鳳山度假，可以嗎？」每回電話那頭彷彿早已預料到，「隨時歡迎！」姑丈答覆毫不猶豫，接著說：「看禮拜幾、幾點的火車到鳳山車站，我去接你們。」收拾行李時，我們都很期待姑丈這次又會安排什麼有趣的行程。

升上高中、到外縣市讀大學，再到出社會工作之後，去鳳山「度假」的習慣仍未停下，雖然各自因時間行走而忙碌而分散各地，但家人間的情感與鳳山始終緊緊連結，繁忙生活中彼此保持聯絡，我們說好，只要抓緊放假空檔，每年就要約在鳳山和姑丈姑姑聚一聚。

　　回憶起住在鳳山姑丈家的寒暑假時光，總是從走出鳳山車站開始，那時還是舊的鳳山車站呢！多半是週五晚上出發，表弟很愛跟著姑丈來車站接我們，姑姑則負責買好鹹酥雞和汽水飲料，一起吃宵夜配一部電影，大家坐在客廳放鬆閒聊，再晚一點，姑丈會和我們兄弟姊妹們比拚牌技，當時年紀還小的表妹很盡責地當大家的發牌手，玩輸的人就等著被體能訓練，幾場牌廝殺下來不知不覺就到深夜。

新的鳳山車站大門看起來不像一座拱門呀！入口和車站大廳內特別融入鳳山古城門意象，設計特色感強烈。

　　隔天白天，我們會去逛百貨公司、看最新上映的電影、打保齡球運動、找餐廳吃飯、走走高雄鳳山景點等等⋯⋯坐在車裡欣賞高雄城市的繁榮感，當進入鳳山街道上，看見的遺跡和歷史老廟變多了，鳳山的面容也少不了那幾座老城門和舊砲臺，以上。一次次如度假般的美好回憶片段累積，拉近我與鳳山古城的距離。

　　常覺得自己已經是半個鳳山人，我的另一個家鄉就在這，有我難忘而美好的童年成長記憶。

　　今晚為慶祝即將到來的父親節，我們一家族親戚好幾十人安排到大東文化藝術中心旁的「新台灣原味懷舊餐廳」吃晚餐，想到正好我的第二本高雄旅遊書也遲遲還沒起筆，為此順道規劃出一條鳳山旅遊路線，一大早獨自先前往鳳山跑景點拍照片。

　　而這條鳳山旅遊行程，依舊從走出鳳山車站開始。

　　火車站前不遠處，有很方便的City Bike高雄公共腳踏車可以租借。踩風前進，是我設定的交通方式。

鳳山車站周邊有City Bike租借站，可沿曹公圳騎乘腳踏車欣賞鳳山河邊之美。

【曹公廟】

INFO

景點資訊

地址：高雄市鳳山區曹公路25-3號

電話：07-746-2323

開放時間：07:30~19:00

供奉清朝鳳山知縣曹謹功績
歷史巡遊第一站老廟宇

　　相信大家都聽過這一位在清朝時期任鳳山縣知縣曹謹的貢獻史蹟，任內對地方建設發展盡心竭力，築城樓、建砲台、開圳等等，對現今鳳山仍有深遠而永續的影響，不僅是先年百姓們愛戴的好知縣，也受後代世人所敬重。有人說要認識鳳山古城的歷史文化，得先從前人曹謹的治水精神和水利工程「曹公圳」開始了解起，可見其地位難以撼動！

$\frac{①}{②}$

①為追念緬懷曹謹對地方重要貢獻而建的「曹公廟」，值得親訪。
②走進廟內看看來自各方致贈的匾額和「曹公」神尊。

　　時至今日，從原本的祠堂歷經重建遷移，民國81年更名升格為「曹公廟」，屹立於現址，早已是鳳山縣城大大小小的歷史廟宇之中，必定探訪的老廟首選，參拜者絡繹不絕。距離鳳山車站很近，步行約五分鐘，可作為鳳山之旅的第一站。

①階梯左右兩側分別以烏鴉反哺、羔羊跪乳雕塑像喻出「知恩圖報、飲水思源」，感念曹謹開圳治水精神。
②廟前廣場旁的一座紀念亭和碑林十分顯眼，且歷史意涵深厚。

①
②

【平成砲台】

INFO

景點資訊

地址：高雄市鳳山區曹公路25-3號

電話：07-746-2323

開放時間：全天候開放

超過180年市定古蹟
鳳山僅存三座清代砲台之一

　　鳳山曹公廟旁有一條小巷弄，進入沒多久有一座牆身由咾咕石、石灰、卵石砌成的四方形古建築物，高度將近五公尺，外表堅固厚實，巍峨矗立於曹公圳河邊，是為當年鳳山知縣曹謹強化鳳山縣新城的軍事防衛功能而建設的六座砲台之一「平成砲台」，也是目前鳳山區內僅存三座砲台之中保存最完整的一座，列為市定古蹟，距今已超過180年歷史。沿一側紅磚階梯往上走，雖無砲座，但古意盎然的幽然氛圍，仍隱約可見時光的軌跡。

① 「平成砲台」位於曹公路29巷內，其實就在曹公廟後方不遠處，可一次順遊。
② 「平成砲台」算是規模較小的古蹟景點，主體前豎立著石碑和解說立牌。
③ 斑駁典雅的牆面是歷經百年歷史洗滌後的產物，修整過依舊古色古香。

【鳳山中華街觀光夜市】

白天也能逛夜市嚐美味小吃！
鳳山在地重量級老店一家接一家

INFO ·················

景點資訊
位置：高雄市鳳山區中華街上
　　　（高雄捷運鳳山站2號出口）
營業時間：約08:00～24:00
　　　（依各店家營業時間為準）

　　因鳳山是高雄地區較早開發的地方，成為許許多多的古早味小吃起源處，鄰近高雄捷運鳳山站2號出口旁的「中華街觀光夜市」就有在地人從小吃到大一直念念不忘的美食記憶，街上隨便一挑可都是擁有數十年歷史又具代表性的老字號店家，熟悉的老味道有鹹酥雞、肉燥飯、米糕、炒米粉、乾麵、牛雜湯、愛玉冰、綠豆湯……等等，透過長住鳳山多年的好友推薦之下，我知道自己一個人不花個一兩天時間絕對吃不完全部。雖名為「觀光夜市」又像個很親切的傳統市場，白天上午已有店家做起生意，讓饕客們從早到晚都能大飽口福！

①
②

①鳳山之旅的美食行程可以安排在
　「中華街觀光夜市」，一次解決
　三餐不成問題。
②鳳山傳統小吃聚集的一個大本
　營，料多味美的重量級老店比比
　皆是。

【老張愛玉冰】

中華街觀光夜市名店之一
招牌古早味解暑檸檬愛玉冰

鳳山中華街觀光夜市裡的「老張愛玉冰」可說是在地人夏天清涼解暑的最佳代名詞，經營超過40年，早已是高雄旅遊美食書上不可或缺的名店。特選高海拔野生愛玉子洗成天然愛玉凍，滑溜口感極好，再和酸Ｖ酸Ｖ的檸檬汁搭在一起，頓時酸甜爽口，這樣一碗簡簡單單的古早味檸檬愛玉，誰能吃過還不被征服呢！而在我準備離開前，老闆娘又特別推薦了自家的招牌黑糖蜜剉冰，有20多種配料可以挑選，會加入獨家熬煮的黑糖水，聽完我的興趣都上來了！決定下回要再來嚐嚐。

INFO ·············

店家資訊
地址：高雄市鳳山區信義街11號
電話：07-746-1169
營業時間：09:00～24:00
推薦：檸檬愛玉冰

①這家「老張愛玉冰」中華街轉角處，因距離高雄捷運鳳山站非常近，捷運美食名單一定會上榜！
②愛玉冰透亮Q滑，帶點微微脆實度的愛玉咬在嘴裡更加有戲喔！
③與新鮮現榨的檸檬原汁搭配，上頭還能看到檸檬果肉顆粒，絕對是真材實料，甜甜酸酸的，十分清涼。

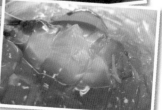

【永昌綠豆湯】

老店綠豆湯古早味攬人心
夏天喝甜湯飲品的滿意之選

INFO ·············

店家資訊
地址：高雄市鳳山區中華街58號

電話：07-741-4340

營業時間：09:10~23:30

推薦：綠豆湯、紅豆薏仁豆花

位於老張愛玉冰斜對面的「永昌綠豆湯」同樣是當地著名的甜湯飲品老店，如早期傳統冷飲攤外觀，生意平日假日都不錯，外帶的人很多，我自己更喜歡坐在店裡喝一碗綠豆湯，而且一定要有綠豆顆粒，吃得出店家用心熬煮的古早風味，甜味濃卻不會甜過頭，綠豆近乎粒粒分明，口感又軟又綿密，喝完頓時熱氣全無。店裡還有賣豆花、薏仁湯、紅豆湯及傳統飲料系列，還有混合口味如紅豆薏仁、綠豆薏仁、紅豆薏仁豆花……等等，尤其熱銷擄高人氣，層次風味會更加討喜喔！

①店面剛好就在十字路口三角窗位置，是中華街觀光夜市的著名老店之一。

②綠豆熬煮到熟透夠嫩軟，每粒外觀竟如此保留完整，偏甜的綠豆湯順口爽甜不膩。

③白嫩嫩的豆花搭配透白的薏仁粒，和紅豆甜湯一起入口，那股些許濃稠帶著各配料的香氣滋味在口中化開，不愛上都難啊！

① | ②
—
③

【鳳山城隍廟】

INFO ⋯⋯⋯⋯⋯⋯⋯⋯⋯

景點資訊

地址：高雄市鳳山區鳳明街66號

電話：07-746-8360

開放時間：05:30～20:00

①走過兩百多年的悠久歲月，是鳳山區內知名古廟，建築可見細膩精湛的雕琢。
②進入廟內之前，站在門口抬頭會看到獨樹一格的匾額「你來了」，意指人生終須走向城隍爺這一關，生前切記不要做壞事。

①
②

誠心參拜鳳山人信仰中心
走進鳳山百年古廟見風華

又名鳳邑城隍廟，位於著名的鳳儀書院旁，同時鄰近曹公國小，廟齡達200多年，歷史價值深遠，主奉鳳山縣城隍「顯佑伯」，亦配祀福德正神、文武判官、五福大帝、地藏王菩薩、虎爺等神祇，是鳳山人重要的信仰中心，終年香火鼎盛。經多次整修，古廟內外部保存完好，氛圍古色古香，百年風華依舊。來到這裡，除了虔誠參拜之外，有幾處充滿特色的地方一定要看一看！像是廟門口上方有一塊寫著「你來了」的匾額和正殿天井的「大算盤」，還有雕刻於柱上的楹聯、廟門口的高麗犬石像及後殿立碑……等等，都十分吸睛，也讓原本莊嚴肅穆的宗教場域增添許多有趣少見的元素，而再細細解讀背後的喻意後發人省思。

①
—
②

①另一個特色要提到
正殿上頭高懸的
「大算盤」，人生
在世所作所為都被
計算得清清楚楚，
勸人多為善勿行
惡，具教化意義。
②石碑中有一塊「忠
節流芳」的紀念
碑，為緬懷林爽文
事件交戰殉職的官
員而立。

【鳳儀書院】

INFO

景點資訊

地址：高雄市鳳山區鳳明街62號

電話：07-740-5362

開放時間：（週一休）

週二至週五
10:30~11:30（17:00截止售票）

週六、日及國定假日
10:30~18:30（18:00截止售票）

**見證全台現存規模之最的
清代書院古蹟
維妙維肖的人偶公仔帶您
深入歷史情景**

　　剛踏進書院入口，我的目光立刻被建築前的人偶公仔給吸引住啦！這就是「鳳儀書院」持續發燒的話題特色之一，會以童趣生動的Q版人物仿製出古早時代各種歷史畫面，如當年鳳山縣知縣大人曹謹巡查場景、農人及牛隻買賣，走向另一區，重現出科舉考試中的武科景象，有拉著弓、揮舞大刀和使勁抬起石塊的人偶，表情姿態逼真生動，趣味十足。在書院講堂中，正

①
②

①見證全台規模最大的市定古蹟書院，結合維妙維肖的人偶公仔讓人拍照，樂趣滿分！
②不同位置所設置的Q版人物群各代表著不同主題，可藉由導覽深入認識。

有一群公仔們重現早年課堂授課情景，還記得電視節目「綜藝玩很大」也曾來這拍攝遊戲關卡呢！太多太多模樣可愛逗趣的人偶公仔為這座書院古蹟注入一股新活力！

建於西元1814年的「鳳儀書院」，列三級古蹟，修復保存完整。書院內部規劃出幾個展示空間，透過假日定時導覽介紹，讓我們對書院建築文物、清代科舉流程制度、歷史演進、學舍、茶苑等等，有更深度的了解，最有趣的是書院提供了清代五品官服讓大小朋友變裝拍照留念，會是個非常新鮮的體驗。除此，如果有近期即將面對各大考試的考生們，別忘帶著准考證到文昌祠祈求文昌帝君保佑考試順利，心誠則靈添添好運吧！

①講堂裡的公仔有人在打瞌睡，有人專心朗讀，有人在玩鬧，畫面感相當逗趣。
②聽聞許多鳳山準考生們在考前會來文昌祠祈福許願，也能求個籤了解自身運勢。
③其中一區展覽空間主要展示建材文物和建築物的介紹。

【蘇家古早麵】

市場超過一甲子的老字號麵攤
爐灶柴燒煮麵
饕客自然尋這一味而來

INFO ················

店家資訊
地址：高雄市鳳山區成功路10巷
　　　（鳳山第一公有零售市場內）

營業時間：06:30~13:30（週一及農曆十七號休）

推薦：乾麵、乾米粉、餛飩湯、滷蛋、各式小菜

　　藏身在鳳山公有市場裡，有個早已走過60年以上的「蘇家古早麵」，秉持老一輩的傳統爐灶煮麵的作法，代代傳承，小店位置隱密低調，若不是在地老饕指引還真難找呢，而且吃過都一定會豎起大拇指誇讚。單一道乾麵緊繫著大大小小好幾代鳳山人的心，老灶柴燒煮出的麵條帶有古早味香氣，配上香醇的油蔥和肉燥，加入蔥花及豆芽菜提高口感和清爽度，再淋蒜泥豐富之中味

鐵皮屋搭起的傳統麵攤，紅色爐灶前站著外帶等待的客人，用餐時間內用區高朋滿座。

道，引人食慾，還鋪著肉片表現滿滿誠意，當乾麵均勻攪拌著碗底醬汁後，大口呼嚕下肚，十分滿足！多點一碗餛飩湯或魚丸湯也是這裡很受歡迎的吃法，一定要試試！

①除乾麵之外，我最愛的還有乾米粉，上頭配料快把米粉蓋住了耶！細彈的米粉拌上肉燥、油蔥和青菜，口感豐富，其中蒜泥也是亮點，蒜香濃郁，真夠味！

②單靠乾麵足以風靡全場，燒柴煮出來的麵條風味自然不再話下，再多加顆滷蛋恰恰好，剛端上桌就讓我感到物超所值。

③吃完麵，來上一碗清爽順口的餛飩湯會很不錯！同樣以柴燒方式熬煮大骨湯頭，入喉的樸實感中，細細品味有一段淺而渾厚的香氣。

①	②
③	

【大東濕地公園】

INFO ·················

景點資訊
地址：高雄市鳳山區博愛路539巷41-1號
開放時間：全天候開放

高雄最美鳳山版忘憂森林
濃濃綠意環繞令人心曠神怡

看到大東濕地公園裡的獨特景色，真的會很自然地聯想到南投著名的忘憂森林，十分神似。

素有「鳳山忘憂森林」之稱的城市秘境就在「大東濕地公園」裡，曾網路一陣瘋傳爆紅，是鳳山最被熱搜的其一拍照打卡景點。一棵棵高大樹木矗立於水池，放眼望去如一座小森林，枝葉茂盛成蔭，搭配池中生態，景致優美宜人，氛圍靜謐，讓追尋此景的旅人們看了流連忘返，漫步其中無不叫人陶醉，心情得到幾分放鬆，舒緩壓力。

　　約九公頃多的公園占地，經斥億大規模整修美化後，有遼闊平坦的綠草地、瀑布流水造景、池畔小橋等，走在人行步道上，沿途欣賞豐沛的自然生態，伴隨著鳥語花香，時而蝴蝶飛舞印入眼簾，時而遇見湖中成群的魚兒悠游，泛起水波像場水舞表演，在這裡的一幕幕都那麼自然純粹。午後，公園裡散步運動的人很多，找個自己感到輕鬆的位置，或是坐在一片綠油油的草地上，享受片刻寧靜的緩慢時光。

①
②

①小橋邊有一道人工瀑布，潺潺流水嘩啦嘩啦流進忘憂湖中，是都市中難得一見的特色景觀。
②轉換不同視野欣賞公園裡豐富茂密的花草植物，皆是一幅幅優美動人的畫面。

③乾淨清澈的水面，清楚望見數量眾多的錦鯉成群游著，靜靜看著，既療癒又能減輕平時壓力。
④老人活動中心前設置一座畫面溫馨的老夫婦雕像。
⑤大東濕地公園跟鳳山溪相依偎著，沿溪旁道路單車騎行，享受愜意感。

③ ④
⑤

【大東文化藝術中心】

INFO ....

景點資訊

地址：高雄市鳳山區光遠路161號

電話：07-7430011

開放時間：10:00~21:00（週一休）

①

一秒走入MV拍攝場景
文化傳遞與遊憩休閒結合的多功能型展覽場域

　　「大東文化藝術中心」主要為多功能性的藝文展演場域，空間規劃出演藝廳、演講廳、展覽館、藝術圖書館、藝文教室、藝術教育中心和休閒遊憩等綜合性設施，各項環境設備新穎良好，不只室內定期舉辦展覽，連半戶外式的中庭廣場也常有大大小小的表演活動讓人觀賞，帶動地方藝文素養及風氣，過去我曾來看過幾場音樂會和劇場表演，印象極好。

　　若你也是支持蔡依林Jolin多年的忠心鐵粉，一定對「大藝術家」這首歌不陌生才對，而歌曲MV場景就是在「大東文化藝術中心」拍攝的喔！想必有許多歌迷曾為此前來朝聖過。抬頭所見一座座熱氣球造型薄膜燈吸引視覺焦點，尤其到了晚上開演的夜光水舞秀看了則會更加醉心，記得要多拍幾張照片才不枉此行。

②
③
④

①最引人注目的是那11座排列相連而成
　的棚頂造型，像極了同時升空的熱氣
　球，攝影迷特別喜愛。充滿新意的外
　觀及造型裝飾，為鳳山古城注入現代
　美學視野。
②透過V字形、菱形圖樣結構組合成的建
　築牆身，具設計美觀和節能實用性，
　更是網美外拍的熱選背景。
③大東藝術圖書館可是全國第一座以藝
　術為主軸的公共圖書館。
④夜晚的大東文化藝術中心在燈光投射
　下，成了鳳山最具美感的浪漫夜景。

【新台灣原味懷舊餐廳 (鳳山館)】

店家資訊

地址：高雄市鳳山區大東一路22號

電話：07-799-7722

營業時間：

週一至週四11:00~14:00/17:30~21:30

週五至週日11:00~14:00/17:00~22:00

推薦：白切油土雞、炒野蓮、糖醋魚片

收銀櫃台裝飾成像是一間早期風味的雜貨鋪，相當好拍！

懷舊風老場景讓你彷彿走進時光隧道
各式豐盛台菜饗宴滿足味蕾

　　位置鄰近捷運大東站2號出口的「新台灣原味人文懷舊餐廳（鳳山館）」，顧名思義主打懷舊復古風，寬敞空間裡擺設各式各樣歷史物件，如鐵馬、郵筒、舊照片、老招牌……等，再加上老街道和老建築佈置裝潢，營造出獨特而良好氣氛，且規模十分完整。當餐廳大門一開，我們頓時走進台灣早期40、50年代的古早味臨場情境，喚起身邊每一位大朋友們的童年回憶，尤其喜愛拍照的人一定會在店內拍到失控手會停不下來喔！說到這裡的台菜菜色選擇多樣豐盛，如果是家族聚會或公司聚餐，點合菜最划算推薦，其中五更腸旺、炒野蓮、打拋肉、月亮蝦餅、豆乳高麗菜、佛跳牆、鳳梨蝦球、薑絲大腸、糖醋魚片、白切油土雞……這幾道菜餚各個色香味俱全，讓一家人吃下來飽足又稱讚，是個很棒的用餐經驗。

①實在太狂啦！店家真的將50年代台灣早期特有傳統建築、老物裝飾通
　通搬進館內，古早味懷舊風格裝飾得淋漓盡致。
②設置出老戲院的場景，營造濃濃的復古味。
③門口有一節外觀陳舊的火車車廂，一旁搭建出車站月台造景，鐵道迷
　看了會很興奮吧！

①哇！彷彿進入到台灣過去傳統風情商店街上用餐的老派氛圍。

②白切油土雞的雞肉外皮透亮，肉色微紅帶潤，光色澤就很吸引人，吃起來不會太乾，我自己最喜歡的菜色。

③糖醋魚片配菜豐富，有紅蘿蔔、香菜、洋蔥等，魚肉雖有炸過，並不會太油膩。

④甜點是紅豆湯，粒粒分明的紅豆已經煮到很軟，作為我們的飯後甜點不到幾分鐘時間，已被大家清空。

⑤炒野蓮口感清脆，氣味油香，富含纖維質，份量好大一盤，是顧客必點的一道料理。

①			
②	③	④	⑤

記下一段鳳山街道巷子裡的小旅行

　　鳳山鬧區車水馬龍，每逢上下班時間，整條光遠路更是被車輛塞得水洩不通，可一旦拐個彎避開主幹道，周遭喧囂噪音逐漸不在，騎著腳踏車，穿梭幾條小街道，恣意地換著方向，好幾次懷疑自己誤闖了遠離現實的世外桃源，當書院、砲台、城門等古蹟一座座接連出現時，觸發對鳳山歷史人文更幽深的懷古情意。

036 ｜凱南帶路遊高雄 II ｜

玩鳳山很有意思，有的是景點行程之外，繞繞幾條小巷小弄發現到、感受到的。移動中的街道風景彷彿帶著節奏，平靜和緩，值得留心。越慢，容易忽略的紋路細節越是清楚，暫且，容我慢下步伐好好欣賞這座古城兩百年來的歲月輪廓。

順著曹公圳的廊道，流水小橋與綠意樹蔭妝點成畫，在晴朗藍天襯托下，別有一番古意美感。午後運動的人們來來回回彼此擦肩，我提著相機坐在河邊長椅子上停留歇腳，靜靜的看靜靜的聽，什麼事也不做原來也是一種與鳳山相處的樂趣。有幾次興致一來，會踏上砲台高處，是一望無際的天空。

在高雄的鄉鎮市各區域中，鳳山古蹟密度明顯較高，住宅與歷史能如此緊密貼近，看了真叫人嚮往。我經常想，居住在這裡會是什麼樣的生活，也曾打算大學畢業後就來這租房子找工作，只是人生規畫有了改變，因而放下這股念頭。

除了家鄉以外，鳳山是我第二座認識的城市。早在十多年前的寒暑假開始，跟著姑丈和姑姑逐步遊玩加深記憶，到現在，只要前往高雄的路途中不趕時間，便獨自進入鳳山市區巷子裡繞個幾圈溜達、溜達，似乎已成習慣。過程雖短短的，卻有許多小風景充滿驚喜，足以構成一段符合自己期待的小旅行。

與「平成砲台」僅隔幾步路的「中華街觀光夜市」，美食多到一天吃不完。

Chapter 02
逍遙玩樂
高雄苓雅區、
城市風潮小旅行

揮汗運動一上午、逛商圈百貨、文化中心走市集、遊水塔地標。
廟口前黑輪、市場愛玉冰、夜市果汁和烤鴨老店通通吃起來！

　　我很享受高雄苓雅區多元的旅遊面向，玩法能動也能靜，從繁榮熱鬧的商圈地段玩進滿溢著文藝氣息的綠化公共空間，就讓這條路線好好告訴您！平時忙碌工作，想想有多久沒運動流流汗了呢？這次先到超大室內運動遊樂空間「E7PLAY高雄三多館」買一張票玩到底，館內的保齡球、投籃機、撞球及數十種遊樂設施足夠消磨一上午時光，給親子家庭、三五好友出遊最棒的開場。剛運動完有些人會餓但有些人沒胃口，不打緊，我安排這攤內行人才知道的廟口前黑輪攤，夾些關東煮配熱湯不錯吧！

　　既然在多家百貨公司聚集的三多商圈周邊區域，逛逛「高雄大遠百」剛好是個躲過中午大太陽的行程安排；午後走入風潮文藝生活圈，愜意步行「文化中心」市民藝術大道上，呼吸城市裡的綠色空氣，欣賞假日文青市集，挑些文創手作商品留紀念；鄰近的「自來水公園」有一座大型的彩虹色棒棒糖「水塔」，增添城市幸福亮點，拍照打卡很熱門。再將國民市場前的「阿惠愛玉冰」、光華夜市人氣果汁店「光華木瓜牛奶大王」和高雄超老字號美食「老正興可樂哥烤鴨家常小館」放入行程中全部吃起來！這條苓雅區路線會讓人愛得一玩再玩！

路線推薦 1

E7PLAY高雄三多館 ➡ 廟口黑輪壽司 ➡ 高雄大遠百 ➡

阿惠愛玉冰 ➡ 高雄自來水公園 ➡ 高雄市文化中心 ➡

光華木瓜牛奶大王 ➡ 老正興可樂哥烤鴨家常小館 ➡ 回家

路線推薦 2

E7PLAY高雄三多館 ➡ 老正興可樂哥烤鴨家常小館 ➡

高雄大遠百 ➡ 廟口黑輪壽司 ➡ 阿惠愛玉冰 ➡

高雄市文化中心 ➡ 高雄自來水公園 ➡ 光華木瓜牛奶大王 ➡

回家

【E7PLAY 高雄三多館】

INFO

店家資訊

地址：高雄市苓雅區三多一路335號2樓
　　　（三信家商對面，小北百貨樓上）

電話：07-727-0853

營業時間：08:30~02:30（全年無休）

館內很大面積作為保齡球設施使用，共26個球道，場地新穎，設備維護用心。

**館內運動機、遊戲機各項設施一張門票玩到爽
適合家人朋友一起來同樂！**

　　位於三多一路上與福德三路交叉口處的「E7PLAY高雄三多館」，所在2F空間佔地達800坪，是高雄時下最受大小朋友歡迎的「多功能複合式室內運動休閒館」，入館方式為「一票玩到底」，顧名思義就是買張票，只要在門票時間內，館內所有玩樂設施任你們無限暢玩，現有保齡球、撞球、電子飛鏢機、投籃機、拳擊機、越野腳踏車、鬥牛機以及PS3、XBOX、WII、槍戰射擊遊戲機……等等，加起來超過20種的休閒娛樂機和運動競賽機，亦有類型多元的親子遊戲機，全部一票玩到飽，並提供飲料無限暢飲，保證物超所值，非常適合全家大小和三五好友揪團一起（E7）來玩（play）的好地方，而且全館禁菸，維持良善安全的娛樂空間，更不用擔心風吹日曬的問題，在這裡開開心心揮汗同樂度過幾個小時的愉快時光。

①② 如跳舞機、太鼓達人、推盤機、越野腳踏車、賽車機……等等各項類型
的遊戲機台應有盡有，買票入館後隨你玩到飽、玩到瘋！

③　自遊舒壓空間區提供偏靜態性的閱讀視聽娛樂，另設置多張按摩椅，在
遊戲區玩累了都能來這裡全身按摩放鬆筋骨解疲勞。

④　自遊空間區的電子飛鏢機為符合規定必須投幣，厲害的是它可以全球連
線，跟不同國家的人在線上一較高下。

⑤　國內專辦國際賽事的撞球專業團隊規劃，依照不同需求提供入門及專業
桌，並全面採用頂級Joss A988桌布！來打場撞球感受其高檔質感。

⑥　保齡球設備不論是球還是場地的維護品質都很良好，玩起來絕不解嗨。

①	②
③	④
⑤	⑥

旅途上半天的好時光，
我只安排在這兒盡情揮灑汗水！

熱血駕馭全台唯一、E7PLAY三多館獨家設施《鬥牛機》

　　愛上保齡球這項運動，是國中時期，我很記得最早由我家姑丈引入門。

　　過去那些年，姑丈常帶我們兄弟姊妹來打保齡球的地點就是現在的「E7play三多館」，當時還是前身「三多保齡球館」，聽到

連投籃機機台也不必投錢或代幣，只需按個按鈕就能一直開始新局。

　　這名字也許年輕朋友不太會知道，但我這一輩81年次以前的高雄人肯定很有共鳴，在我的童年裡，尚未轉型前的「三多保齡球館」佔了很重要一塊回憶，那就像學生時期的寒暑假陪伴著我的一位好朋友，如今時間默默推著我們成長，我們都長大了，樣子自然也有了改變。

　　幾年後，我們再相遇，它已順應時代變化，從原本傳統保齡球館轉型成一間綜合娛樂運動休閒館，比起過去好玩很多，內涵終於不再單調，提供種類更多元的娛樂設施，包括數十種不同類型的遊戲機台：休閒娛樂機、運動競賽機、親子遊戲機等等……只需買張門票，不必再投代幣，館內通通免費暢玩！

和家人們正在研究電子飛鏢機的模式設定，一連玩了三局！

　　當我的書中決定要介紹高雄苓雅區旅遊路線時，第一個想到的景點就是「E7play三多館」，甚至私心地將上半天只安排這個行程。主打『一票玩到底』的消費方式是其一大優勢，現場購買門票，依人頭計費，有分進館90分鐘、3小時、5小時的玩樂時間，想了解更詳細的消費流程、入場票價表、入館須知，到官網就會看到囉！「姑丈！我們以前打保齡球的地方變了，現在好像變成E7play運動休閒館的複合式概念經營，我們找一天去玩看看好不好！」無意間在臉書滑到有朋友分享E7play三多館的貼文，我不假思索地撥通電話給姑丈約時間。

　　我們家打保齡球的陣容其實就是我和姊妹三人，加上姑丈家的成員有姑丈、表弟和表妹一同參與，基本上固定班底大概就是這幾個人了，比較可惜的是當天姑姑有工作抽不出空，不然她其實也是我們家族保齡球團很重要的一員。大約08：30~09：00買好票入館，選擇玩3個小時，出館將近中午12：00，票上會寫得清清楚楚，離開前繳回門票就好。頭一次進到「E7play三多館」，好多台遊戲機迷得我眼睛直發亮，雖然打保齡球仍是此次體驗重點，但姑丈正在服務櫃台預約球道時，我們其他人早耐不住興奮感，四處東跑西晃，活像劉姥姥進大觀園，對什麼都好新奇。

　　另外還會看到「E7play」各分館中只有三多館獨家擁有的這一台空運進口百萬《鬥牛機》等著各路挑戰者們熱血駕馭！連續好幾位壯丁撐不過幾秒鐘就被猛牛強勁的旋轉扭力甩了下來，我站在一旁看了都跟著緊張冒汗，渾身是膽的表弟卻對我說：「哥，等一下來PK一場，看誰撐得秒數久。」這戰帖⋯⋯讓我好猶豫阿⋯⋯哈哈（乾笑）

以前只能在電視上看到國外玩這種《鬥牛機》，今天有機會親自體驗，何不把握！快上場啦！我站在一旁幫小表弟加油吶喊！

高雄一區一特色
藝術彩繪風吹進苓雅街頭

每每行經三多路會遇見的兩幅大型壁畫

　　苓雅區，披著華麗、時尚的高雄外衣，始終魅力四射。眾多辦公商業大樓林立，三多圓環範圍聚集大遠百、新光三越、SOGO形成熱鬧非凡的百貨商圈規模，吸引人潮，我在這一帶出沒的機率很高，也曾在這附近工作過，周邊的興中夜市、自強夜市（苓雅市

「高雄苓雅國際街頭藝術節」為三多二路的一段街景調上顏色，絕對值得旅人留心。

場）、光華夜市自然是我夜晚尋味的幾個好去處，不論白天黑夜，只要抬起頭看，前方的高雄85大樓永遠這麼醒目耀眼，以高雄港灣地標之姿聳立著，不注視到它也難。

曾幾何時，那身外衣多了幾分色彩美化，走在苓雅街頭環境，處處可感受到彩繪薰陶，藝術文化逐步在城的這區發酵。上半天三個小時的運動遊樂時間結束後，下半場旅程要和我的大學朋友繼續進行，跟家人剛分開不久，我沿三多二路小跑步往高雄大遠百的方向前進，艷陽高照，氣溫稍高，大馬路上的車輛川流不息，人行道上種植著許多高大樹木，盎然樹蔭恰巧舒緩熱氣，距離碰面的地點還有一小段路，然而，我停下了腳步，高雄市苓雅區清潔隊的走道外牆，相遇「高雄苓雅國際街頭藝術節」留下的壁畫傑作，我恣意

①原本平凡無奇的街頭因彩繪外牆的出現增添亮點，凡經過都是種視覺饗宴。
②由中、西兩位藝術家共同合作的壁畫彩繪，大致有紅色、棕紅色、紫色和白色四種顏色創作，厲害的是每個筆劃都來自藝術家Sliks的英文簽名。如書法字的型態呈現「苓雅」兩個字，恰好能代表這條以苓雅區為主軸安排的小旅行。

① ②

欣賞著。

自2016年創辦的「高雄苓雅國際街頭藝術節」，一年一年將鮮豔色彩帶進苓雅區社區角落與街道建築物，猶如一座開放式的戶外美術館，讓市民生活貼近公共街頭藝術，聽聞邀請來自世界多國的藝術家來為城區裡的大型建物牆面彩繪，最廣為人知的不外乎是衛武社區和中正技擊館籃球場外，至於三多二路上的這兩幅壁畫相對人氣較少，路過多次，匆匆瞥見不曾停留，今天決定拿起相機拍下來，畢竟旅途中，能遇見這些小風景，算是種收穫！

「我站在三多路上特有的美景裡等著你們。」我自以為有趣，用手機拍下壁畫傳LINE給朋友，沒想到他們都知道這裡，比我料想的還快到達。

除了這次分享的苓雅區行程外，我腦海中其實默默規劃出兩條遊玩路線，初步構想一條以「高雄苓雅國際街頭藝術節」為軸，主要蒐集城區中各個大型彩繪壁畫及周邊景點美食延伸出一條城市藝術形象之旅；另一條路線會玩進高雄85大樓、光榮碼頭、玫瑰教堂、自強夜市那一個區域，光用想的就夠有趣了吧！「欸！我們下禮拜再來苓雅區玩一次，要嗎？」坐在朋友的機車後座，我問道。

【廟口黑輪壽司】

INFO

店家資訊

地址：高雄市苓雅區林森二路50號
　　　（北極金殿前）

電話：0929-801-902

營業時間：11:00~18:30（週一公休）

推薦：大腸香腸、關東煮、黑輪片、壽司

小攤子設置在北極金殿這座廟前，
從上午11：00開始就吃得到囉！

高雄低調美味藏不住
一攤享有大腸香腸、壽司和關東煮多道小吃！

　　高雄市苓雅區這家黑輪攤內行在地人一定會知道，開了20幾年的「廟口黑輪壽司」已經是非常受歡迎的路邊攤午餐及下午茶選擇，來到這裡我只能說關東煮、大腸香腸、烤黑輪片、還是壽司，少吃其中一樣都覺得很可惜，樣樣是經典。烤到帶有焦香的花生糯米腸和香腸，不用沾醬就很美味；壽司則是老闆娘親口推薦，尤其Q黏香甜的紫米壽司更是完全征服了我！至於網評很高的烤黑輪片讓我有想再加點一串的衝動，唰上獨家醬料烤出誘人香氣，黑輪片同時充滿魚漿的鮮味及醬料的甜味，讓人會一口接著一口停不下來呢！若是冬天或碰到天氣稍涼的時候，來一份關東煮配熱湯再適合不過啦！

①不光只是品嚐關東煮物，連湯都要好
　好來給它喝個好幾碗才爽快。
②到此必吃大腸香腸啊！大腸和香腸外
　皮皆烤到焦香四溢，口感好，會一口
　接著一口停不了。
③關東煮、烤黑輪、大腸香腸還是壽司
　通通是高雄老饕的美食口袋名單。
　黑輪片香氣十足，自製醬料很入味，
　烤的時間掌握剛剛好。

【高雄大遠百】

INFO

店家資訊
地址：高雄市苓雅區三多四路21號
電話：07-972-8888
營業時間：11:00~22:30

與捷運共構的大型購物商
場「高雄大遠百」，為地
上17樓、地下5樓的逛街
時尚地標。

三多商圈必逛百貨指標
休閒娛樂型態多元

　　在三多圓環百貨商圈當中，「高雄大遠百」算是逛街購物第一
指標，商場與捷運三多商圈站相連通，交通便利性高。結合休閒娛
樂、逛街血拼、餐飲美食等多種型態，包含彩妝保養、飾品配件、
國際名品、鞋類包款、男女服飾、家具家飾、戶外休閒類……多達
數百家專櫃精品會讓逛街族買到失心瘋！另外，11樓和12樓規劃出
美食區，有瓦城泰國料理、義式屋古拉爵、饗食天堂等好幾家知名
餐飲店，又如元氣咖哩、博多拉麵、食金湯、東屋壽司……也提供
不同客層的飲食需求及用餐喜好，正因為「威秀影城」和「誠品文
化書店」的進駐，綜合娛樂性質可說是商圈百貨之最，若沒有其他
行程，我會在這裡待上一整天也沒問題！

①
─
②
─
③

①高雄大遠百進駐「威秀
　影城」，除了血拼逛
　街，來這裡看場電影也
　是一種娛樂方式。
②捷運車站地下月台採用
　挑高設計，中央打造出
　「捷運之眼」公共藝術
　意象。
③搭乘高雄捷運至三多商
　圈站，不必走出車站，
　可依指標直接通往百貨
　賣場。

【阿惠愛玉冰】

INFO

店家資訊
地址：高雄市苓雅區青年一路163之17號
電話：0918-483-898
營業時間：08:30~19:00
推薦：綜合愛玉

①小小攤子前座位不多，很多客人選擇外帶，我自己更喜歡坐在這吃愛玉冰。
②爽口Q彈的愛玉和獨家熬煮的糖水，還有清涼碎冰、檸檬酸伴隨其中，加上各種手工配料，品質口味保證。

①
②

國民市場必吃愛玉冰
用料天然實在
屹立不搖20年人情味小攤子

　　「阿惠愛玉冰」是國民市場前經營20年歷史的人情味小攤子，多年來老闆娘阿惠媽媽都以雙手搓揉愛玉，成型的愛玉凍光滑透亮，Q彈細緻，混著碎冰、糖水和檸檬一起入口，冰涼又解熱。要想吃的更豐富，配料當然不能少，若點綜合冰可一次嘗到愛玉、仙草、粉圓、山粉圓齊聚一起的迷人層次口感；也因配料是店家堅持每日早上手工製作，只能限量供應，所以選擇不多。這裡的愛玉冰有大小之分，看到價目表或許會不敢相信，一碗綜合愛玉冰竟然只賣25元，是不是很便宜阿?!而且吃過之後會覺得非常超值！現在也是自己來到苓雅區青年一路上必嚐的夏日聖品了。

一小段打工回憶裡的美食確幸

　　碩二決定休學，還未收到入伍通知的那一段日子，我都在高雄苓雅區短期打工，而「阿惠愛玉冰」剛好在附近不遠，要不是有位同事聊天提到，我平常經過青年一路這麼多次，竟然沒注意過，可見這個市場前擺攤超過20年的小攤子有多不顯眼，每次工作下午一有休息空檔，我二話不說一定先到這裡吃碗便宜實在的愛玉冰消消熱氣，夏天七月、八月來的次數更頻繁，也漸漸跟攤子上的老闆娘阿惠媽媽變得很熟。

　　有一次帶幾個台南朋友來高雄玩，行程中特地安排到「阿惠愛玉冰」，才剛停好車，阿惠媽媽早認出還沒脫下安全帽的我，倒先打了聲招呼，甚是熱情。『我要綜合愛玉。』這是我的老習慣，朋友也決定跟我一樣就好，『那我們要三碗，都綜合的。』我接著說。

　　顧客上門如往常一位接著一位，看她舀愛玉、盛配料的動作很少停下來過，就連平日生意也算不錯。我注意到阿惠媽媽手指頭貼著OK繃，於是開口關心了一下，原來是她每天必須用雙手搓揉愛玉，過程還不能戴手套，長年下來累積出工作傷害，「已經是老毛病了啦。」她笑笑帶過。那一陣子暫時由她哥哥接手洗愛玉的製程工作，而她站在攤位前面對著客人。

　　一碗充滿人情味的愛玉冰加進了仙草、粉圓、山粉圓而成綜合口味，為了讓大家吃得更安心，每一種配料都是阿惠媽媽當天早起手工製作，再添加少許糖水及一大匙碎冰，搭配自家在竹田鄉種植的檸檬，清涼十足，酸多於甜，甜中帶著滿滿滿爽快的涼意，這滋味我好喜歡！也因為手工配料沒辦法一次做太多，供應數量有限，

對外的營業時間是到晚上七點，但很多時候會提前賣完打烊，相信
已經是部分高雄人的美食口袋名單不可缺少的一家老店。

　　那天，我和朋友都感興趣的看著攤子後方正在手洗愛玉的大
哥，阿惠媽媽問我們要不要進來攤子裡面看會看得更清楚，甚至允
許我們可以拍照為高雄旅程留點紀念，我也順勢禮貌提出了合照請
求。

　　「來，比個讚！」老闆娘阿惠媽朝氣十足地喊著。

　　然後隔幾天，我剛打完工又自己跑來喝愛玉冰，順便將沖洗出
來合拍的相片送給他們。

①第一次帶朋友來吃愛玉冰時，拍了張合照紀錄這趟旅程的甜美時刻，阿惠媽媽　　①｜②
　人真的很親切喔！
②每碗愛玉冰真材實料，選用一斤要價破千元的愛玉籽當原料也是店裡多年來的
　堅持。

【高雄自來水公園】

INFO ·

景點資訊

地址：高雄市苓雅區五福一路81號
　　　（五福一路與光華一路口）

開放時間：24小時全天候開放

舊水塔化身成巨無霸七彩棒棒糖
城市裡的幸福新亮點

　　越靠近水塔，越能感受到它的巨大姿態，成為高雄市區醒目的拍照焦點。

　　走入都市中的小小綠洲「自來水公園」，會看見這個美到翻天的巨無霸七彩棒棒糖！遠觀彷彿又像是一艘外星飛碟，我覺得也像一隻大水母；但這其實是西元1960年由美援建造的自來水塔，高逾40公尺。幾年前的舊水塔因年久失修，風吹雨淋，外觀生鏽斑駁；直到透過藝術家彩繪圖樣，重新漆上了五顏六色的七彩外貌，讓這座廢棄大水塔充滿新的生命力，水塔上有著【I ♥ KAOHSIUNG】斗大字眼，若再仔細看，塔身繪入85大樓、夢時代、龍虎塔等，多達19個高雄具代表性的知名景點，加上周邊彩繪牆和公園環境維護有成，幾座小型的裝飾藝術作品陳設在其中，整體的造訪價值向上提升了不少，成就高雄苓雅區的幸福新亮點，而且水塔搭配燈光的夜景也同樣美得值得一看喔！

①鮮豔色彩的柱體撐起了水塔，果
　然像極了一根棒棒糖，讓人好想
　咬一口！
②如彩虹般鮮豔亮麗的線條色將水
　塔裝扮成像一份大禮物，換個角
　度看，也有人形容是一台彩色的
　外星飛碟，還真有趣。
③草木扶疏的公園裡，有幾座藝術
　創作品裝飾，供遊客欣賞拍照。
④連原本自來水公司外露的輸配管
　線都被上了色囉！挺有美感的。

①	②
	③
④	

【高雄市文化中心】

呼吸藝術氣息與綠意相融的城市空氣
看展覽、逛市集 充滿親子歡笑聲
的休閒園地

INFO

景點資訊

地址：高雄市苓雅區五福一路67號

電話：07-222-5136

開放時間：全天候開放

　　「高雄市文化中心」不只是欣賞藝文活動展演的演藝廳堂，戶外廣大腹地，處處綠草如茵，綠樹成蔭，更是大小家庭踏青玩耍、進行親子活動的小園地，綠意環境自然清新，舒適愜意感隨涼風迎來，深深呼吸，好讓人心情放鬆愉悅。歷年來展出過書法、水彩、水墨畫、西畫、攝影、工藝各種藝術展與專題展覽，不定期會舉辦

面向五福一路的高雄市文化中心大門。

中大型的活動表演，想感受文化與藝術交流的特色魅力，就來這兒看看吧！而四周被大樹木環繞著的步道上，成為附近住戶下午或晚餐飯後散步運動的最佳地點，一到假日，還出現了「藝術市集」等著大家來尋寶，當天大約16：00開始擺起攤位，手作小物、文創商品選擇眾多，好逛好買。午後停留了一個多小時，步調緩慢，發覺濃厚的人文風味源源不絕注入旅程中，自然發展的地方文化感，如此耐人尋味。

①②公車候車亭也成為藝術創作的小舞台，創意生動的設計增添城市美學風景。
③　文化中心周圍步道規劃成「高雄市民藝術大道」，讓公共藝術貼近生活，馬賽克彩色地畫十分醒目。

①有至真堂一到三館、至
　善廳、至美軒、至德
　堂、至高館等室內空間
　設施，提供各種藝文類
　型的展演與展覽活動。
②許多家長會帶小孩子在
　寬闊的大草地上從事休
　閒活動，如騎單車、打
　打球、跑跑跳跳等，處
　處充滿親子溫馨和諧的
　陣陣笑聲。
③假日會有藝術市集，展
　售各式各樣手工藝品，
　來自藝術創作職人的珍
　貴心血。

【光華木瓜牛奶大王】

INFO ⋯⋯⋯⋯⋯⋯⋯⋯

店家資訊

地址：高雄市苓雅區光華二路402號
　　　（光華夜市內）

電話：07-716-0469

營業時間：09:00～02:00

推薦：木瓜牛奶、西瓜汁

**光華夜市裡的人氣果汁店
在地老饕激推木瓜牛奶
從早餐賣到宵夜場**

	①	
②		③
	④	

　　聽聞光華觀光夜市有很多令高雄人津津樂道、好吃的小吃聚集，其中絕不能漏掉這家開了40年的「光華木瓜牛奶大王」，算當地名氣很高的老字號冰果室，營業時間從早餐賣到宵夜場。這裡主要販售各種傳統果汁，也有提供冰品、水果拼盤和小點心，尤其老饕客最鍾愛的還是店裡的主打人氣招牌-木瓜牛奶，用料很實在，口感濃稠自然，一入口能感受到木瓜本身十足的香甜，牛奶不會太搶味，而是很協調的襯托，滋味單純樸實，濃郁順口，好喝到沒話說。

①走過40多年歷史老牌果汁店，擁有在地人拍胸掛保證的好喝木瓜牛奶。
②西瓜汁的冰涼感還不錯喔！入口的味道滿甜的，炎炎夏日喝上一杯頓時心花怒放。
③濃郁奶香與木瓜本身的香甜味平衡共處，口感十足濃郁，感受舒服！
④陣陣香氣從傳統餐檯內傳了出來，除了賣果汁之外，這裡的早餐餐點也十分讚。

【老正興可樂哥烤鴨家常小館】

INFO ．．．．．．．．．．．．．．．．．．．．．．．．．．．．．．．．

店家資訊

地址：高雄市苓雅區中山二路332號

電話：07-338-5300（外送專線：0939-074-038）

營業時間：11:00~21:00

推薦：烤鴨三吃（片鴨＋鹽酥＋酸菜冬粉湯）、
金華火腿雞湯、金沙中卷、無錫排骨、上海菜飯、
韭黃鱔魚、蜜汁火腿

位於高雄苓雅區中山二路上，斜對面是高雄大
遠百，距離三多商圈捷運站非常近，靠著口碑
相傳，已成大家熟知的高雄捷運美食之一。

藝人明星最愛烤鴨老店
當天現宰限量櫻桃鴨
高雄捷運三多商圈聚餐美食首選

　　「老正興」名號一路走來70年歷史，被譽為是高雄最老又道地
的江浙菜館，原是高雄鹽埕區人人推薦的老字號美食，但因為創始
第一代老闆年邁選擇歇業，立足超過一甲子的老店突然消失，讓許
多一吃多年的在地老主顧和外地饕客十分不捨，知道大家仍懷念著
這一味，原本在外闖蕩事業多年的第二代周一晉先生毅然決然回來
重起爐灶，在高雄苓雅區找到新店面，並以自己的綽號「可樂哥」
命名，為老字號掀開全新篇章。

　　搬到現址已有五年時間，用心與堅持，撐起父執輩辛苦大半輩
子經營起來的老口味，不只美食節目、報章媒體紛紛聞名而來，甚

至有許多明星級藝人也指名朝聖這家烤鴨料理。選用沒醃漬過的櫻
桃鴨，原汁原味，每天屠宰場送來新鮮鴨子，當天現宰現烤，做法
費時費工，平日大約限定只賣50隻鴨。「老正興」老店過去以江浙
菜打響品牌名號，絕對在老高雄人心中留下深刻印象，現在依舊也
能回味得到，所以喜歡吃江浙料理的你們，趕快收進美食口袋名
單裡。

①經典的烤鴨三吃（片鴨+鹽酥+酸菜冬粉湯）和金華火腿雞湯、金沙中卷、無錫
　排骨、上海菜飯、韭黃鱔魚、蜜汁火腿，讓老闆可樂哥推薦共九道招牌菜色，初
　次光臨的饕客可參考看看。
②片鴨外表實在太漂亮了！皮層十分鮮脆，薄而香酥的口感會讓人一口接一口，油
　脂水分保留充足，讓鴨肉肉質不會太乾柴，咬起來的軟嫩度中還帶些紮實感，沾
　著店家自己炒製的甜麵醬一起吃最對味！
③鹽酥鴨講求的是炸功，有咬勁而不乾硬，入口並不油膩，外表炸得酥脆有勁，內
　裡的肉質充分乾香，椒鹽香氣濃郁，搭配炸蒜片入味又夠味，超涮嘴！
④酸菜冬粉鴨肉湯一上桌一定會被這大碗公大份量嚇到！配料給得豪不吝嗇，鴨肉
　量夠，冬粉也給得多，酸菜放得很豪邁，充滿著酸菜迎來那股濃郁酸香的氣息。

②
①③
④

Chapter 03
高雄前鎮低碳旅遊不流俗！捷運＋輕軌原來可以這樣玩

一天逛遊教堂風超商、文化地標圖書館、台鋁舊廠房轉型貌、
彩色貨櫃屋聚落、拍過偶像劇的大型國際購物中心

　　嘿！讓我們再去高雄前鎮區玩一天吧！想落實台灣近年提倡的新興玩法「低碳旅遊」，決定以大眾運輸「捷運＋輕軌」為主要交通工具，安排出只要搭乘捷運或輕軌，再步行一小段路就能輕易到達的幾個前鎮景點，而這一整條行程簡直蔚為年輕風潮，景點陣容堅強，話題熱度超高，像是擁有最美教堂式風格的「7-11亞新灣門市」，二樓像極了一間會讓人拍照拍到手停不下來的網美系咖啡廳，不來打卡很可惜；再來「書與樹」共存的文化地標「高雄市立圖書館總館」是高雄亞洲新灣區的最大亮點；途經「星光園道」或許可以慢下來休息一會兒，感受城市裡的清新氛圍。

　　午後第一站，一遊台鋁舊廠房轉型成的「MLD台鋁生活商場」，親眼見證鋁業歷史，如今是座充滿生命力的文青場域，而後到美食區品嚐一餐異國料理，或是逛逛周邊手作市集也很有趣；當下午三、四點太陽沒那麼曬時，可直接步行至鄰近的「集盒KUBIC貨櫃園區」看一看，開放式的貨櫃屋文創聚落色彩繽紛，園區還有彩繪裝飾、地景藝術、大型公共藝術品，同樣非常好拍！最終站得要搭乘輕軌至「夢時代站」下車，前鎮區豈能沒介紹南高雄大型購物地標景點「統一夢時代購物中心」呢！隨著一年一度的聖誕節到來，12月份的高雄夢時代正洋溢起幸福歡樂的聖誕氛圍，夜晚點亮燦爛燈飾，搭配浪漫指數破表的主題燈光秀，成為旅程裡最令我感到印象深刻而美妙的一幕。

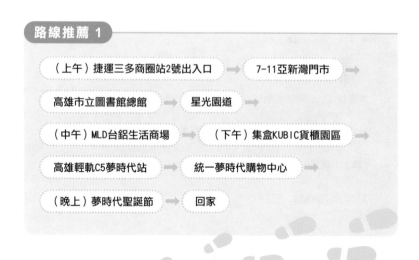

路線推薦 1

（上午）捷運三多商圈站2號出入口 ➡ 7-11亞新灣門市 ➡

高雄市立圖書館總館 ➡ 星光園道 ➡

（中午）MLD台鋁生活商場 ➡ （下午）集盒KUBIC貨櫃園區 ➡

高雄輕軌C5夢時代站 ➡ 統一夢時代購物中心 ➡

（晚上）夢時代聖誕節 ➡ 回家

路線推薦 2

（上午）捷運三多商圈站2號出入口 ➡ 星光園道 ➡

高雄市立圖書館總館 ➡ 7-11亞新灣門市 ➡

（中午）MLD台鋁生活商場 ➡ （下午）集盒KUBIC貨櫃園區 ➡

高雄輕軌C5夢時代站 ➡ 統一夢時代購物中心 ➡

（晚上）夢時代聖誕節 ➡ 回家

路線推薦 3

（上午）高雄輕軌C5夢時代站 ➡ 統一夢時代購物中心 ➡

高雄輕軌C7軟體園區站 ➡ （下午）MLD台鋁生活商場 ➡

集盒KUBIC貨櫃園區 ➡ 7-11亞新灣門市 ➡

（晚上）高雄市立圖書館總館 ➡ 星光園道 ➡

捷運三多商圈站2號出入口 ➡ 回家

【7-11亞新灣門市】

INFO

景點資訊

地址：高雄市前鎮區林森四路255號

電話：07-536-2832

開放時間：24小時營業

若只是單看到照片，彷彿像是裝潢成歐式教堂風格的質感咖啡廳，「7-11亞新灣門市」將這裡打造得好美，自然會想拍照打卡。

拍起來！
便利商店也能變成旅遊景點
歐式教堂風情門市美死人！

　　在台灣，便利商店的密集度足以堪稱世界之首，和大多數台灣人的生活密不可分，不曉得大家有沒有發現，近幾年來，有越來越多7-11便利商店的裝潢佈置上多了特色感，一陣陣轉型風不斷吹起，透過獨特外觀或內部造型帶動網美拍照打卡話題，而高雄前鎮區的「7-11亞新灣門市」就是其中一間，我個人認為這絕對能列入全台各地最美超商門市前十名。第一次來到這裡是當地朋友大力推薦，他說：「走！一定要帶你去看看全高雄最美小七。」

　　原先看見7-11亞新灣門市的外觀是不規則造型的全黑色建築物，看上去是有點視覺設計特色，但要說"全高雄最美"這句話我一開始持疑惑；不過，當我們走上二樓再穿過廊道後，印入眼簾的景象，真讓我信了。猶如踏進唯美的歐式教堂，挑高用餐空間，黑色系屋頂，大面積落地玻璃窗構成一面五角形牆，灑進舒服採光，

氛圍醞釀著微文青感恰如其分，如此媲美咖啡廳等級的「教堂風」環境太適合拍照了吧！先別急著離開，到一樓櫃檯點杯7-11的咖啡、待上一會兒，享受旅程中偶爾的小悠閒。

①二樓挑高空間採光良好，座位數眾多，對外提供場地租借服務，可包場辦些學生讀書會、公司會議、座談會等活動，需注意開放時間。
②從一樓販賣區的後方樓梯走往二樓，有一小條走道，沿途牆上掛著活動相片。
③壁面上可見許多高雄知名景點地標剪影圖，如85大樓、大東文化藝術中心等，同時具宣傳地方觀光特色的效果。
④「7-11亞新灣門市」黑色外觀搭配不規則狀的建築體，位在前鎮區林森四路上確實有些搶眼，但進到二樓才更能體會它的美，如教堂式的獨特設計深深吸引眾人！

① ②
③ ④

【高雄市立圖書館總館】

INFO

景點資訊

地址：高雄市前鎮區新光路61號

電話：07-536-0238

開放時間：除夕閉館，每週一休館

10:00～22:00（週六、日21:30停止入館）

國定假日開放時間10:00～17:00（16:30停止入館）

高雄城市引以為傲的文化地標
評為全台非去不可的圖書館第
一名！

　　佔地面積約2公頃的「高雄市立圖書館總館」一共樓高八層以及地下一層，建築手法特殊且內外觀設計新穎，採懸吊式的工法建造突破創新，為全球首座鋼棒懸吊綠建築，方方正正的外表四面覆蓋大量玻璃帷幕，採光極佳，又有「全世界視覺景觀穿透性最高的圖書館」一稱。說到可看性的特色絕對少不了通透自然光的巨大連天井和景觀中庭，以「館中有樹、樹中有館」的綠色環保形象概念再添上許多話題，成為高雄亞洲新灣區最亮眼、城市引以為傲的文化新地標。

①8層樓高的高市圖總館看起來方正像個
　巨大盒子，外觀牆面全以落地玻璃帷幕
　牆設計，現代美感相當強烈。
②以大樹作為總館設計概念，1F是挑高無
　柱空間，戶外開放式的樹蔭廣場，想像
　一下在大樹底下乘涼休閒的感覺。

館藏書籍雜誌種類繁多且完整，以往我常來這兒挑幾本書後就看上一整天。

　　號稱可容納近百萬冊藏書量空間的知識殿堂，又曾被評選為全台灣必去的圖書館中第一名，絕對是書香文化的理想型，各種類型書籍豐富，閱讀環境優質舒適，亦有國際繪本中心、專業劇場空間、會議室、階梯閣樓、咖啡餐飲等多元設施，也能看見公共藝術作品，完全顛覆我們對過去圖書館既有的印象。時常來到這會先搭電梯到頂樓放鬆觀賞空中花園和高雄都市風景，視野超好！將高雄展覽館、高雄新光碼頭、高雄85大樓通通盡收眼底，黃昏時站在頂樓眺望高雄港灣的夕陽更是迷人。

①②從6F通上8F的「連天井」設計引進了明
　亮自然光，而天井中庭種植八棵大樹形
　成「館中樹」的奇特景觀。
③　大量「閱讀」「知識」文字點綴樓梯
　　層，也是館內不能錯過的一個小亮點。

①	②
③	

①
─
②
─
③

①②總館RF頂樓建置空中
庭院「新灣花園」，
有維護得宜的水池景
致和植栽花園。
③ 多了小花朵陪襯的高
雄85大樓，畫面看似
美不勝收呀！

【星光園道】

INFO

景點資訊

地址：高雄市前鎮區中華五路1361巷48-4號

開放時間：24小時開放

城市裡的徒步綠廊
散步、休閒、沉思、賞鴿
都格外閒逸

① ｜ ②

①「星光園道」和高市圖總館僅隔著新光路，清新雅致，陳設座椅供行人休息，與鴿群相伴。

②井然有序的樹木植於廊道兩旁，設置一座彩色的雕像藝品富有藝文氣息。

　　出高雄捷運三多商圈站2號出入口，走往高雄市立圖書館總館的最短路徑必經這條徒步綠廊「星光園道」，鋪設平坦的石磚路面，筆直寬敞。沐浴在兩排大樹環抱的綠蔭下行走，並沒有大景點的鋒芒萬丈，卻有著現代城市中不可或缺的自然風情。我很喜歡這種幽雅清新的氛圍，讓幾分閒逸感融入旅程，緩和步調。不管是要散散步、慢跑運動、放空沉思，又或曬著陽光兼讀本書，也常看到有人來這裡遛狗和賞鴿，這都能輕易體會星光園道的小美好，其實一點也不覺得無聊。

好好欣賞，這座城市裡的生活美學
如明信片般的旅遊風景，
全是意料之外的新發現

　　自去年2019年開始著手我的第一本《凱南帶路遊高雄》系列旅遊書時，就已經規劃好也玩過一遍這條路線了，因出版社設定的頁數限制，我沒辦法寫進第一本書裡，放到今天再次重遊，一樣的方向、一樣的景點、一樣的步調，好像回看著自己曾走過的風景，如同翻著當時所拍的照片，較不同的是，12月份多了夜晚可以體驗到的聖誕節，除此之外，我在「高雄市立圖書館總館」前方的「星光園道」也停留更久，這時候的陽光溫柔觸摸在皮膚上，舒服得剛剛好。

旅途中緩步沉澱半晌，曾忽略掉的一隅一景會驚喜出現在原本固定路線之中。

　　避開了一大群鴿子聚集的地面區域，我在樹蔭下留了步，悠然寧靜的氣息偶有被風輕輕吹動樹葉颯颯地響，沒有特別讚嘆的景色，樂趣不如景點突出，「星光園道」兩側皆倚靠著馬路，路上不時還會有車輛經過，雖是如此，我依稀聽得見城市緩緩的綠呼吸，自然清新的溫暖空氣依附著此刻氛圍，我走走又停停，沿途一派悠哉。想起大學曾選修過一門「生活美學」課程，影響我很深，開啟我對「欣賞」二字的好奇與重視，我還記得那位老師曾說過一句話：「欣賞，看似簡單卻又不簡單，足以讓你們學習一輩子，既深奧又很有趣。」

平易近人的鴿群在光影構成的舞台上悠閒擺頭晃動，一幅城市美景唾手可得。

　　上課內容很靈活，老師帶著我們去校外參觀數間美術館和歷史建築，每堂課的作業是要每一位同學介紹出自己欣賞到的美的事物，不論是一幅畫、一件雕塑作品、一張照片、一面牆、一道門、一個不起眼角落，或者是平凡生活裡的一件事、一段對話、一個人及一天當中的某個美妙時光等等都能分享，除了寫出來，也會讓同學們輪流上台敍述。只是短短一個學期，培養出我對於「欣賞」的興趣，已成習慣，「你們已經大三了，再過一年大家會畢業離開學校，老師希望你們進入社會之後，不要因為忙碌工作，就停下、甚至忘記欣賞生活周遭所擁有的美，要繼續感受生活美學。」老師在學期末送給在座的每位同學這段話，我一直記到現在。

　　我的旅遊風格早已習慣融入「欣賞」的節奏，欲探訪一座城市，安排景點和美食固然重要，更多期待會是旅途中難得遇見的人事物與意料之外發覺到、拍下的一張張如明信片般的風景照，一趟旅程因此變得更有畫面，更有故事內容，當我們試著去欣賞觀察城市裡的「美」個角落，都有可能成為一頁被敍述的情節。上午不過走了兩三個景點，我拍到了自己很喜歡的高雄前鎮區小風景，感覺很棒！

【MLD 台鋁生活商場】

INFO

景點資訊

地址：高雄市前鎮區忠勤路8號

電話：07-536-5388

開放時間：週一～週五11:30~21:30／週六日11:00~22:00

高雄前鎮生活圈找新樂子
來台鋁舊廠房當一日文青吧！

　　「MLD台鋁生活商場」是高雄前鎮區數一數二必介紹的人氣文青景點，原是台鋁公司於1970年擴廠而興建出來的廠房，千餘坪佔地如今轉型成一座大型的生活商場，結合餐飲、超市、市集、書店、影城、美食商場、展演廳、宴會廳等多功能綜合用途，融入生活娛樂與文創元素，趣味性豐富，遊覽氣氛很好。不論是來此看一部電影，或是到質感極佳的MLD Reading台鋁書店繞一繞、走讀書香；還是在美食街品嚐各國風味料理，都能感受MLD台鋁所帶來的獨特個性與迷人魅力。

商場是由台鋁公司舊廠房重新改造，自2015年7月2日啟用後，變為高雄港都時下話題景點。「MLD台鋁」兩棟廠房中間是個開放式的廣場，設置許多桌椅和裝置藝術供遊客休息或拍照。

假日午後不妨先在戶外人行道上逛逛手作文創市集，品味職人故事，兩廠房之間的台鋁廣場上正傳來街頭藝人帶來的表演聲，吸引我們的步伐移動過去，看場小演出，地面上還陳列著腳踏車、小狗和各式各樣的小童雕像等許多個裝置藝術，吸引大家拍照，稍微抬起頭看，這座具40多年歷史的台鋁舊廠房保留下來的大Y字型鋼樑結構也為廣場增添一股獨特視覺感，見證鋁業歷史原有的舊痕跡，這裡還真是個很有意思的休閒特色空間。

①	②	③
④		

⑤
⑥

①②③市集主要結合職人手作、二手老物、創作藝術、風格選物、友善小農、散步蔬食等等各
　　　主題攤位，慢慢逛慢慢挑，一定會買到自己喜歡的手作小物和文創商品。

④　　　文青風格的攤車美食也會出現在這裡，市集裡賣的甜點、小食好吸睛又很好吃！

⑤　　　MLD台鋁市集會擺設在戶外的走道上或中庭區域，有平／假日的常態市集和不同月份舉
　　　辦的主題市集可以大逛特逛。

⑥　　　遊客可以在MLD Fresh市場買到新鮮蔬果、飲品乾貨、生鮮肉品與海鮮…等。「MLD
　　　Fresh」擁有充滿溫度感的市場空間，而MLD台鋁自營餐廳使用的就是這裡賣的各種食
　　　材，對於品質控管有口皆碑，對購物者來說安心有保障。

①｜②

①②美食區在一樓空間，鄰近MLD Cinema售票處，齊聚了港式、泰式、韓式、日式、美式等
各種異國風料理，當然也有台灣味美食，包準大家一飽口福。

③ 台鋁的MLD Cinema電影院也很有名，售票口在一樓，電影院設在二樓。

④ MLD Reading台鋁書店曾榮獲2017年德國iF設計獎肯定，具空間美學的設計格調賦予書
店空間更多層次的藝術人文視野，提升書店價值感。書店規劃出旅遊類、童書類、攝影
暗房、講座活動等主題專區，亦有歐式古典風格的餐飲空間及精品文具區，讓逛書店也
能享受多元樂趣。

③
④

【集盒 KUBIC 貨櫃園區】

INFO ....

景點資訊

地址：高雄市前鎮區復興三路5號

電話：07-334-7310

開放時間：10:00~20:00

廣闊平坦的草地上擺放座位，每到午後會是遊客和高雄在地人玩耍遊憩的好去處，家長帶小朋友來可以盡情奔跑唷！

高雄亞洲新灣區火紅IG打卡景點
讓網美們指名必拍的彩色貨櫃文創聚落

　　搭輕軌或是搭捷運都很方便到達「集盒KUBIC貨櫃園區」，從輕軌C7軟體園區站走路三分鐘，距離捷運獅甲站約500多公尺，走路只要7分鐘左右。還記得剛啟用時，短時間躍升高雄亞洲新灣區話題景點，各地旅遊部落客、網美們都很愛來這座彩色貨櫃文創聚落拍照，那陣子我的IG和FB臉書還時常被朋友洗版呢！

一來到園區視線當然會先被色彩繽紛的多個大型貨櫃吸引住，開放性空間占地達7000坪，是個能展現高雄地方活力熱情、創新與創意的交流園地。站在中央的草地廣場上放眼望去各個角度都會是很好取景拍照的背景畫面，對於我們這種超愛拍照的人來說，光在這裡就能待上好久好久的時間，其中也發現許多有趣的彩繪裝飾、地景藝術與大型公共藝術品，而且才不只是適合拍照，假日來到這裡還能逛逛特色市集，不定期有舉辦精彩的展演、活動和講座，大家有興趣可以至「集盒KUBIC」的官網查詢追蹤消息喔！

③④千萬別漏掉這幾座整面的貨櫃彩繪圖，取景意境還挺美的！
⑤ 我特別喜歡來逛市集品嚐攤車美食，總能遇見意想不到的美味驚喜，通常市集攤販多在午後或下午才開始，不僅能拍些好照片，連肚子都能得到滿足，真好！

①②③週末時常會有各種活動和市集擺攤，逛小物、
找特色小食或欣賞盆栽植物，樂趣豐富。

①	
②	③

響應近年大力推動的低碳旅遊玩法！ 暢遊高雄前鎮區港灣路線， 一條高雄輕軌列車打通關

　　會安排在下午才來「夢時代購物中心」主要是為了剛好銜接上入夜後的聖誕節活動，算是12月份玩高雄前鎮區的一大重頭戲。不過行程規劃可依人彈性調整，有些朋友喜歡上午第一站就到高雄夢時代逛街、玩遊樂設施當然也行，而且這條前鎮區路線若倒著玩回去同樣順暢精彩，不得不說，其實「高雄市立圖書館總館」夜晚外觀更加耀眼奪目，像顆發亮的大寶石，上到頂樓欣賞高雄夜景，很

①輕軌列車與高雄夢時代如此靠近，現在要到高雄夢時代變得更便利。

　　輕易擄獲眾人芳心。但這回晚上，先與我們一同到高雄夢時代應景歡度這場絕美聖誕夜吧！

　　高雄便捷的公共運輸系統，就算沒有個人交通工具也能輕鬆玩高雄，原本要去夢時代都需搭乘高雄捷運紅線到R6凱旋站，再轉乘接駁車；現在隨著全台第一條輕軌路線通車後，只要搭到輕軌C5夢時代站，過條馬路就能抵達，真是方便。

　　若大家仔細注意，我安排在這條行程中的高雄市立圖書館總館、MLD台鋁生活商場、集盒KUBIC貨櫃園區和夢時代購物中心這幾個景點，全部靠著一條高雄輕軌列車路線輕鬆玩透透，省去較長的交通時間，進而增加在各個景點停留的時間，遊覽內容相對會較充足。從輕軌C7軟體園區站到C5夢時代站，短短兩站之隔，已能將高雄亞洲新灣區的一小部分地標景點走踏過一遍，想當然高雄輕軌路線其實很長，繼續往C3前鎮之星站或另一個方向至C14哈瑪星站，都是我計畫中想完成的高雄旅遊路線，能有機會再與你們分享。

　　我過去往來高雄夢時代的次數不計其數了，每到國、高中寒暑假就會與家人來喜滿客影城看電影，也曾來參加過活動、參與跨年倒數等等，大學時期常跟朋友約吃飯逛街就挑在高雄夢時代，但很奇妙，直到現在我都沒有參與過夢時代聖誕節的經驗，於是2019年11月得知夢時代聖誕節點燈消息一出，開啟了重遊這條旅程的念頭，玩到夜晚，體驗人生第一場夢時代聖誕節。

②在輕軌C5夢時代站下車，行經輕軌行駛的路口請遵循指示號誌。　　②
③輕軌下車處過個馬路就會進入統一時代百貨的廣場上。　　③

【統一夢時代購物中心】

INFO

景點資訊

地址：高雄市前鎮區中華五路789號

洽詢電話：07-973-3888

營業時間：11:00（週六、日10:30）~22:00
　　　　　（週五、六22:30）

①
②

走進南高雄大型購物地標景點
玩樂吃逛足以好好滿足一整天！

　　南高雄逛街血拼熱門指標「統一夢時代購物中心」，於2007年3月30日開幕營運，奠定全高雄第一間大型國際購物的地位，佔地面積超過15000坪數，建築規模型態、空間設計概念、進駐商家品牌多元性、休閒娛樂的豐富程度等等，皆是高雄購物商場業之最，還曾獲美國《富士比》財經雜誌評選出亞洲前10大最佳商場之一。擁有上千家國際品牌廠商進駐，其中包含特色商店、日系百貨、時尚名店，喜愛購物的族群一定會在這裡逛到失心瘋、買到殺紅眼，再加上有電影院、健身中心、遊樂場，及琳瑯滿目的美食餐飲選擇，大大滿足玩樂吃逛需求，要在這兒待上一整天是件很容易的事。

①站在時代大道上可清楚看到外觀猶如一隻大鯨魚的這棟「藍鯨館」，同時又以弧形的玻璃帷幕營造出波浪狀，展現海洋意象。
②高雄夢時代前有條寬闊的「時代大道」，不只是高雄市每年舉辦跨年演唱晚會的固定場地，過去也曾辦過遊行和啤酒節等活動。

高雄夢時代以鯨魚形體融入波浪造型的概念建築物「藍鯨館」表現獨家特色，而頂樓規劃出空中主題樂園，並結合恐龍探索樂園的元素，園區有類型多元的遊樂設施，適合親子同樂，其中又以那座被譽為是「高雄之眼」的OPEN小將摩天輪的人氣指數最高，不同色系的繽紛車廂，與OPEN家族成員們一起玩轉一圈，升上高處一睹高雄港灣遼闊風景，尤其到了夜晚多了燈光變化效果更是美不勝收。話說，好幾年前以高雄市為主要取景地的台灣偶像劇《痞子英雄》剛播出時，我曾經迷到多次專程朝聖拍攝場景之一的高雄夢時代「時代大道」上，只為了要拍出與劇中背景一模一樣的照片，彷彿身歷其境。

③購物環境時尚俐落，空間大不擁擠，名店專櫃、特色商店井然有序排列，各樓層的銷售類別分類明確，想逛運動休閒類、新潮流行類、國際精品類，還是居家生活類⋯⋯等等通通都有，論百貨商品內容可說是包羅萬象。
④圓弧形的設計增添購物區的獨特感，乘坐手扶梯抬起頭就能望見挑高視野，中央掛上活動布條一目了然。

③
④

① 頂樓RF層的「摩天輪樂園」是大小朋友都喜歡的空中遊樂園，想必也一定要提到南台灣第一座摩天輪「OPEN小將摩天輪」，售票處就在摩天輪底下。

② 高雄之眼「OPEN小將摩天輪」可是園區中的扛棒子遊樂設施，高度達102.5公尺，轉一圈約10多分鐘，高處景觀視野好的不得了！

③ 高雄夢時代摩天輪共36個車廂，每個車廂外觀五顏六色，有可愛的OPEN將家族人物陪您搭摩天輪唷！

④ 只要我來逛夢時代，基本上都會在B1的美食廣場用餐，以「海底世界」為設計意象的美食區，頭頂燈光會不斷變換顏色，可以拍出不同感覺。

⑤ OPEN將家族成員在電梯開口熱情迎賓，歡迎大家來到頂樓的主題樂園盡情玩樂，是我個人很推薦的親子遊樂天堂。

⑥ 有海浪、魚群及各種海底生物的裝飾用餐環境，營造出身處在深海裡的奇幻情境，看了好趣味！

⑦⑧「恐龍探索樂園」也是空中遊樂園的主題之一，彷彿將侏儸紀公園搬了進來，除了玩遊樂設施外，一定要跟這裡各式各樣的恐龍拍拍照喔！

④	⑤	⑥
⑦	⑧

今晚，我與高雄夢時代共度難忘聖誕夜

如親臨魔幻光影派對，下一秒出現在拉斯維加斯賭城?!

旅程尾聲，下午抵達高雄夢時代一直待到天黑，共度今晚的聖誕夜。

參加過高雄夢時代大大小小的活動，唯獨少了過聖誕節的回憶。問過身邊朋友，對夢時代年年舉辦的聖誕節活動都是回覆好印象，又有人說夢時代聖誕節早已經是高雄具指標性的重要活動，每年一定會去感受一次，引起我強烈好奇，於是著手撰寫第二本《凱南帶路遊高雄》系列旅遊書時，又再一次重遊這條前鎮區旅遊路線，並搭配著聖誕節一起寫了進來，推薦給11月、12月份想旅遊高雄的你們多一個行程規劃方案。

一得知今年高雄夢時代聖誕節點燈消息，我的行事曆立刻敲定出發時間。

當聖誕節越接近，全台各地佈滿幸福浪漫的閃爍亮光，每座城市默契似的紛紛穿起魅力四射的聖誕光影服裝，如同一場又一場聖誕嘉年華晚會聞幸福樂曲動感演出，滿溢著濃濃幸福感。我從一年前開始有計畫性想走過南臺灣每個有辦聖誕節活動的地點，整理寫成文章分享在自己的部落格裡，這次2019年就以高雄夢時代聖誕節作為第一站，正式走起。

統一時代百貨廣場方向，一眼注視到高14米的Purple Wish聖誕燈樹，因融入大量美國拉斯維加斯Las Vegas的賭城構想，主樹為簍空的特別設計，點綴著骰子、撲克牌等圖案，以及數字賭盤的底座，表現賭城特有元素。終於等到了主燈秀表演，每日展開五場，圍觀人潮早早站滿廣場各個角落，目光全鎖定那不停轉換的霓虹燈光，我漸漸沉浸

```
① ②
③
```

①高度達14米的聖誕樹主燈「Purple Wish」採特別設計簍空打造，結合Las Vegas賭城元素，看起來閃亮動人，表演時間一到，燈光秀五光十色，我看得目不轉睛。

②走道兩側也被燦爛燈飾營造得好有聖誕氣氛，拍起來真美！

③聖誕節活動期間，高雄夢時代化身成一座絢麗奪目的浪漫不夜城

於多彩華麗的魔幻光影派對，身體隨之起舞擺動，直到時間結束。

再往下走，金銀島海盜船、搖滾派對舞台、Rock搖滾天幕秀、西部牛仔看板、聖誕直升機、星光走廊、夢幻火山秀...還有數以萬計的LED燈海裝飾，諾大的園區範圍共呈現出10款聖誕主題燈區，將高雄夢時代聖誕節打造成聞名全世界的娛樂之城Las Vegas的繁華形象，我欣賞到這座城市因聖誕節而有另一種美貌，帶著夢幻、浪漫、溫暖、夢想、歡笑、娛樂等等元素於一身，前衛的科技投影與聲光效果確實讓聖誕活動內容層次往上升高。

① ② \
③

① ②「Rock搖滾天幕秀」是今年聖誕佈置中最具特色的焦點，抬頭即可欣賞貓王、邦喬飛的魅力演出，彷彿穿越Las Vegas的搖滾年代，與搖滾巨星一起嗨翻聖誕夜！

③ 2019年高雄夢時代「愛Sharing」聖誕節以拉斯維加斯Las Vegas美式主題打造，如親臨繁華熱鬧的賭城情境，朝聖人潮十分洶湧。

終於走過2019年高雄夢時代聖誕節，開發旅遊經驗的新回憶，留住聖誕夜的一抹風景，同時期待一年一度再次相會。

④⑤矗立在亮麗燈海中的大火山造景，定時上演夢幻火山秀，噴起水舞搭配聲光效果，像極了火山爆發的逼真畫面。

⑥⑦時代廣場上有座華麗醒目的金銀島，周圍放了好多光閃閃的寶藏，戴上海盜帽、手持老槍枝道具，站上海盜船拍張照，想像著即將展開一段夢想旅途！

④	⑤
⑥	⑦

Chapter 04
老美濃新玩意兒！

專找在地私房小食 閒遊老建築、古蹟地標、廢棄戲院、
環湖賞花海 這是一條沒有客家民俗村的美濃另類路線！

路線推薦

美濃阿秋肉圓粄條店 ➡ 美濃文創中心 ➡

搖籃咖啡x惠如小屋 ➡ 永安路老街 ➡ 美濃舊橋 ➡

美濃啖糕堂 ➡ 美濃第一大戲院 ➡ 美濃聖君宮關東煮 ➡

瀰濃東門樓 ➡ 美濃庄頭伯公 ➡ 東門冰菓室 ➡

美濃湖 ➡ 美濃花海季 ➡ 回家

　　不同以往，玩看看這一條沒有美濃客家村景點的另類旅遊路線吧！當行程沒安排美濃民俗村、原鄉綠紙傘文化村、美濃客家文物館，那又該如何玩美濃呢？帶大家去體驗永安路老街上的新樂趣，必拍80多年歷史舊美濃警察分駐所，融入文學主軸與咖啡餐飲增添新氣象，在這裡吃甜點翻本書，感受時空彷彿凝結於此的古樓魅力；接著到對面與超過90年的「美濃舊橋」思古尋幽，老美濃的模樣煞是迷人！想要重溫50年代美濃人共同的娛樂記憶，那就到廢棄戲院「美濃第一戲院」去瞧一瞧，外觀完整保留，具重要歷史文化價值；還有樓高兩層、至今200歲的市定古蹟地標「東門樓」在客家村落難得一見，鄰近必順遊地方重要信仰「美濃庄頭伯公」，為美濃地區歷史最悠久的土地公廟。離開永安路，最後一站直往「美濃湖」前進，飽覽美濃客家純樸風情與優美怡人的田園景緻，每當花海季節開始，周遭農地紛紛換上五顏六色繽紛花衣裳，偌大面積的花田花朵齊綻放，賞花遊客將會一批接著一批不停湧進來。

　　吃的部分，專找在地私房特色小食，推開旅遊書常介紹的幾家知名粄條店，甚至也沒去店家數量最密集的「粄條街」上覓食，反而安排一家幾乎只做本地客生意的「美濃阿秋肉圓粄條店」，作風保守又低調，傳統口味樸實好吃，但要找到它實在不容易！再來是透過客委會「人才留美計畫」培育誕生的「美濃啖糕堂」，結合當地農產食材研發製作各種麵包與吐司，吃過口齒難忘；彎進永安路一條不起眼的小巷子內，會在美濃聖君宮旁找到下午四點才營業的關東煮黑輪攤，40年來依舊銅板價佛心賣，是當地居民下午茶好去處；最後一家是人滿為患的老字號冰店「東門冰菓室」，一嚐令人懷念的古早味清冰，享受美濃人的消暑確幸時光。

【美濃阿秋肉圓粄條店】

INFO ·······························

店家資訊
地址：高雄市美濃區中正路二段590號
電話：07-681-4800
營業時間：07:00~14:00／16:00~19:00
　　　　　（週三公休）

必嘗美濃道地客家粄條
豐盛客家菜讓老饕胃口大開

①
②

　　若沒吃到客家美濃粄條，我會覺得這一趟美濃之旅好像少了點什麼，所以第一站先直奔「阿秋肉圓粄條店」大啖一餐！網路上或美食書裡對這間店的介紹都不算多，且位置也不在眾多美濃粄條店林立最密集的街段；看似低調，每到用餐尖峰時間，總有美濃在地人和外地遊客從四面八方蜂擁而至，靠得是大家口耳相傳，尤其假日更是座無虛席，這裡賣的客家料理選擇性多樣，招牌乾粄條和湯粄條每桌必點，薑

①「阿秋肉圓粄條店」好就好在戶外有停車場，開車、騎車都方便，店內外皆有座位，環境空間十分寬敞。
②經濟實惠的客家美食，點了我愛吃的乾粄條，還有一盤醋酸勁超夠味的薑絲炒大腸，料多實在的豬血湯和豬肚湯各一碗，看了胃口大開。

絲炒大腸、炒野蓮、粉腸、客家小炒...等，各道菜榜上有名，也聽
説很多人喜歡這家外酥內Q軟、包著扎實肉塊的肉圓，再來個豬血
湯或豬肚湯，豐盛美味根本無法抵擋呀！

③ ｜ ④

③看到豬血湯裡放了滿滿的豬血，心情大好啊！豬血脆口，咬起來滑滑脆脆的，湯頭很香。
④乾粄條真是百吃不膩，會放點肉片，先用力地拌一拌讓上頭油蔥酥的香氣與板條完美融
　合，粄條口感Q嫩帶滑度，記得要加金松辣椒醬和白兔烏醋，美味度瞬間爆棚！

【美濃文創中心】

INFO
....

景點資訊

地址：高雄市美濃區永安路212號

電話：07-681-9265

營業時間：09:00～20:00

80多年巴洛克式歷史老屋
美濃永安老街上必拍特色景點

　　美濃永安路是美濃區域發展最早的市街，又被稱為永安老街，而曾經的美濃警察分駐所就座落於此，1933年（昭和8年）興建，為磚木混合日式構造，散發古典美感的巴洛克式歷史建築，洗石子圓柱與外牆、屋頂黑瓦片、八角窗、13溝面磚...等等皆為建物特色，經整建修復，完整保留日式昭和時期風格，內部老屋格局依舊，搭配木作家具桌椅，更具日本風味。相信我！在這裡就算只是隨意抓個角度都能拍出一張張讓自己愛不釋手的美照，推薦給大家到美濃旅遊時多一個拍照景點！

①
―
②

①來到永安老街與中正路交叉口，清楚看得見這棟超過80年的日治歷史建築，前身為美濃警察分駐所。
②保留原有的和洋融和巴洛克式風格，外觀格局左右對稱，2015年啟用為「美濃文創中心」，具備旅遊服務中心功能，而後進駐咖啡餐飲活化空間。

建築物前有開闊的花園綠地，館方細心維護照料，整體環境美輪美奐。

　　可別以為只有主體建築可看，園區廣場景觀優美，場域寬廣，其中保存下來了槍堡、防空洞、防空警報鐘塔、門柱、警察宿舍，還有一棵年齡推估至少110年以上的老茄冬樹，一同在此守護老美濃人共有的記憶，見證美濃發展歷史。到2015年，這棟舊美濃警察分駐所正式啟用轉型成「美濃文創中心」，又過幾年委託財團法人薛伯輝基金會接手經營，進駐「搖籃咖啡」，結合飲食、文學與文創藝術為主軸，打造出具有咖啡香與書卷味的閱讀空間，氛圍舒適，值得停留。

①建築前後兩面有著截然不同的樣貌，同樣不失古樸典雅韻味，綠色植物點綴多些神秘感。

②外牆結構、一磚一柱、每扇窗門都是一段歷史故事中的價值產物，除了拍下古色古香的照片，細細欣賞更能體會其中的美妙之處。

③原汁原味呈現這一隅牆面，一睹老房子的建築結構層。

①	
②	③

【搖籃咖啡 x 惠如小屋】

INFO

店家資訊
地址：高雄市美濃區永安路212號
電話：07-681-9265
營業時間：09:00~20:00

踏入大門口的右手邊是吧檯區，點餐櫃檯也在這兒，可先逛逛室內環境。

慢下來享受時光！
美濃有種幸福是在日式風格歷史建築裡品嘗甜點午茶

　　走進老屋轉型成功的美濃文創中心正飄著咖啡香氣！這棟舊美濃警察分駐所保留昔日昭和日式風格，因結合咖啡餐飲而大放異彩，目前進駐「搖籃咖啡x惠如小屋」隸屬於財團法人薛伯輝基金會美濃分處經營，老屋復古氛圍濃厚，亦有悠閒恣意的文青感若隱若現，很是舒服。這裡不定期會舉辦各式藝文展覽、專題講座和特色體驗活動，室內此時展出許多知名藝術者創作的文創商品及珍貴畫作供人參觀欣賞，櫃中擺放書籍種類眾多，挑一本好書，就在此空間裡一次享受咖啡、甜點、藝術與文學閱讀融入旅途時光的幸福美好。

①中央大廳有設置座位，而兩側木門內分別也規劃出客人用餐空間。

②內部環境格局完整保存下來，有著氣味舒服的檜木香，木式老房子古色古香。

③窗外透入採光明亮，暖黃色吊燈讓空間更顯唯美，有多張座椅也有席地而坐的座位區，坐在店裡的任何角落都能感受老屋傳遞而來的獨到舒適感。

④兼具旅遊服務中心的功能，當然看得到美濃當地有關的書本，復古老音響撥放著聽感舒服的音樂。

①	②
③	④

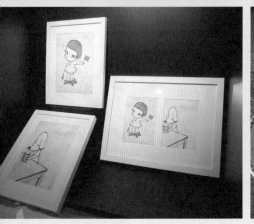

⑤⑥⑦點餐前先欣賞精心佈置的藝文展覽，展示主題不定期會更換，
周邊藝術品有標上價錢，喜歡就能買回家，當天我對草間彌生
繽紛創作的商品展示區特別有印象。

⑧　　左邊的鹹蛋糕現烤的，外層香酥，內層料豐厚實，相當飽口；
右邊為檸檬蛋糕，口感綿實，酸酸甜甜的好滋味。

⑤	⑦
⑥	⑧

高雄美濃，不光只有一去再去的知名景點
遊走美濃農村大街小巷，永安路老街找新樂子

　　某回春節出遊，家人說道：「每次去美濃好像都只能往客家民俗村跑……」

　　這句話讓我出發前，特別安排了這條「老美濃新玩意兒」的主題行程玩法，不再走美濃民俗村、原鄉緣紙傘文化村、美濃客家文物館這幾個知名客家村觀光景點，換個方式遊覽美濃，午餐時間就選了一家冷門低調的「美濃阿秋肉圓粄條店」，單憑之前印象前往還一度小迷了路，直到打開手機google地圖才找到。可以期待這裡的客家粄條美食，料理風味實在，座位空間寬敞，最大優點是停車方便，店面旁就有一塊停車場空地。

　　下一站，定位在美濃第一街道「永安路」，從路口處的「美濃文創中心」開始走讀老美濃歷史，藝術文化、文學朝氣與日式風格舊建築激盪出火花，端詳起人文薰陶的木作空間，地方活力似乎正逐步甦醒。後方的「高雄市立圖書館美濃分館」外觀質感加分，有助於引導鄉村閱讀風氣，館內陳列許多客家主題書籍，認識美濃歷史的第一步，我想，就從這裡開始吧！

「美濃文創中心」後方有一棟日式舊警察宿舍和外觀設計感充滿特色的「高雄市立圖書館美濃分館」緊鄰相依，中央廣場空地是美濃在地人從事休閒遊憩的好地方。

　　而三棟建築物與戶外廣場相鄰，午後，是大小朋友們奔跑嬉戲的小小樂園，小鎮上的常民情感在此真實流露，眼前景象無法與我過去的美濃印象重疊，畢竟這是我和家人第一次踏上這裡展開一段漫遊，走回永安路老街的途中，目光交會那棵百年歷史的老茄苳樹，樹影隨風吹搖曳的美姿，不禁停下腳步，聆聽輕巧微弱的樹葉舞動聲，這會不會是它傾訴歷史的一種表現呢？

　　永安路老街一路往下走，雖不見當年那般濃濃古意，但沿路中美濃舊橋、錦興藍衫店、林春雨門樓、美濃百年古井、東門樓...如一片片拼圖，拼湊出一條時空隧道，重溫美濃農村過去的歲月點滴，而這些人文地景都是不可抹滅的歷史要件，極為珍貴的地方元素；除此之外，近幾年有越來越多的產業能量賦予這塊土地，像是濃夫生活、果然紅農藝生活、濃甜Original dessert、美濃啖糕堂……透過特色店家與文創人才活化老街生氣，因為既定行程安排與時間考量，這次沒有一一逛過。

　　當天，我們一家人嗅著一股烘焙麵包香氣，朝「美濃啖糕堂」走去，打開門，一同感受老房再生的新樣貌。

①「高雄市立圖書館美濃分館」同時也是美濃學園教育藝文館，館內藏書豐富，有許多書籍與客家文化主題相關，提供設備新穎、環境優質的閱讀空間。
②老樹迷別漏看這棵價值珍貴的百年茄苳老樹，高聳屹立於「美濃文創中心」前方。

① | ②

【美濃舊橋】

日據時代保存至今的橋樑古蹟
美濃地方聚落發展的見證者

INFO ·····················

景點資訊
地址：高雄市美濃區永安路213號

　　高齡90歲的「美濃舊橋」是美濃保存唯一地標級橋梁歷史建築，建於西元1930年（日本昭和5年），此橋興建成為當時美濃政經商業中心對外聯繫與南北部諸庄往來的重要通道，使當時交通便利無阻。橋身跨越美濃溪，正前方面對昔日的美濃警察分駐所，另一端則有美濃傳統市場，暫緩漫步在現已功成身退的舊橋上，凝視著歲月遺留下來的條條痕跡，採鋼筋混泥土的建築結構至今仍保持良好狀態，面容老舊但堅固少損，橋梁兩側入口設置「保橋護童碑」，大型車輛無法通行進入，維護行人及學童安全，也能延續年久的老橋壽命，繼續見證農村老街區的歷史發展。

橋梁頭尾兩端各有一座保橋護童碑，禁止車輛通行，石猴雕像為林友福石雕藝術家所雕刻。

【美濃啖糕堂】

曾經的老診所改建麵包店
結合在地小農食材製作麵包和吐司

INFO

店家資訊
地址：高雄市美濃區永安路197號
　　　（美濃國小門口對面）
電話：07-681-9764
營業時間：12:00~18:00（週一公休）

　　「美濃啖糕堂」位在永安路老街上，是高雄市客委會「人才留美（美濃）培力計畫」第一個進駐開業的文創商家，創辦人夫妻兩人具備多年的烘焙經驗，技術專業，販售著麵包、吐司、餅乾和蛋糕甜點等產品，大多數結合在地農產品及食材為烘焙原料製作而成，如橙蜜香番茄吐司、水蓮起司吐司、美濃147米吐司、味噌水蓮脆餅、美濃紅藜玫瑰餅乾...種類選擇性很多，讓每位客人能透過

「美濃啖糕堂」位於美濃第一街的「永安路」上，將烘焙麵包的香氣注入這棟70多年的老房子，創造再生價值。

品嘗口中的西點麵包，藉此感受到地方特色與風味，我知道有很多人會為了水蓮麵包、水蓮吐司與水蓮脆餅而來，畢竟水蓮是高雄美濃地區主要的農特產，吃起來口感清甜爽脆，有此結合看頭十足，口碑好評不斷。

① ② ③ ④

① 保留原有的建築外觀結構，走進騎樓打開大門，更多美味的驚喜全藏在裡頭，等著被發現。
②③④麵包販售區被人潮擠得水洩不通，桌台上琳瑯滿目的麵包、吐司、蛋糕、甜點和餅乾銷量都很好，而且數量有限，大家都知道要買一定要快。

　　從最初的自宅烘焙工作室轉營麵包店，漸漸打響名號，後搬至現址重新打造質感風格，空間也比以往更加擴大，這棟兩層樓的老房子興建於日治時期，建築物本身歷史已長達70年，前身為保壽堂診所，改建為麵包店則有了獨樹一格的新詮釋，美濃文化特色將伴隨烘焙香氣從這裡柔柔地飄散出來，頓時深植人心。

①每種口味的麵包和吐司都好想嚐看看！其中運用在地農產食材-水蓮製作成麵包廣受大家歡迎，我個人對玫瑰奶酥蔓越莓吐司的印象也非常好，大推！
②裝潢佈置氣氛真好！採木頭元素的桌椅陳設，搭配懷舊地磚，充滿歷史感的溫度。
③牆上的設計增添可愛氣息，將自家販售的特色產品以插畫彩繪的方式呈現出來。

【美濃第一大戲院】

乘著時光機回到50年代的老美濃
追憶地方歷史意義的廢棄戲院

INFO ··························

景點資訊
地址：高雄市美濃區中正路一段127巷5號

　　越靠近已廢棄多年的高雄美濃「第一戲院」，如一場穿越民國50、60年代的時光之旅，原建築物主體外觀完整保留，但看水泥外牆、鐵欄杆、售票口和手繪看板……歷經50幾年歲月的面容染上幾許滄桑感，鐵門緊閉無法進入，遊客僅能從外頭追憶老戲院的過往。戲院為從前大大小小的美濃人休閒娛樂的好去處，不只播放電影，也會有布袋戲和歌仔戲好看，有一位春節連假回鄉過年的大哥正好散步路過時簡單地說：「第一戲院是我們鎮上第一間戲院，小時候爸媽會帶我來這裡看戲，那時候非常熱鬧，我記得常常都要排隊排很久。」

歇業後的美濃第一戲院保留完整外觀，具重要歷史文化價值，得以重溫50年代老美濃人共同記憶，回顧舊畫面。

　　第一戲院算是目前美濃旅遊中偏冷門也較陌生的觀光景點，對年長一輩的美濃當地居民來說，有一段抹去不了的珍貴記憶與在地情感，曾經風光一時的老戲院留存至今，價值意義格外不凡，而它獨有的韻味需要大家細細品味。

①
②

①②戲院門口的售票窗口和上頭的放映時刻表、手寫價目表、電影海報、紅字招牌、紅框白字等等，留存著歲月洗禮下的斑駁痕跡。

【美濃聖君宮關東煮】

INFO

店家資訊

地址：高雄市美濃區永安路19巷內（美濃聖君宮旁）

電話：07-681-3312

營業時間：16:00~18:00（至賣完為止）

兩個鐵門寬的小攤子店面頓時擠得水洩不通，男女老少大大小小都為了吃關東煮黑輪而來，過去曾被新聞媒體採訪報導，聖君宮關東煮的名聲早已傳遍外縣市。

廟旁隱藏版關東煮黑輪攤
老闆阿信伯40年來銅板價佛心賣！

　　除了粄條有名，美濃還有一樣人氣超高的銅板美食不能不知道，其實只要網路一搜尋關鍵字美濃黑輪，會看到許多有關「美濃聖君宮關東煮」的介紹和分享，簡陋鐵皮搭起的小平房藏身在美濃聖君宮旁十分隱密的角落處，高齡60多歲的老闆人稱阿信伯，也因此又有人將店名取為「美濃聖君宮阿信黑輪」，賣黑輪已有40幾年資歷，鄰近國小、國中學生們下課後很愛聚集來這吃俗擱大碗的關東煮，再喝幾碗熱湯一解嘴饞，也是生活在美濃的當地居民下午茶時間好去處，很多離鄉打拼的在地人朝思暮想的就是這個家鄉味。佛心老闆賣著銅板價錢的關東煮久而久之傳為佳話，數十年來堅持薄利多銷，像這次吃了7顆丸子、紅蘿蔔、白蘿蔔、黑輪總共才不到40元，夾一夾滿滿一整碗一定比你想的還要便宜非常多，風味傳統樸實，再盛裝熱湯或站或坐在宮廟前慢慢品嘗，體會美濃人兒時的味蕾記憶。

①②③攤位上只有一鍋大爐子，煮著紅蘿蔔、白蘿蔔、丸子、黑輪條、米血等關東煮食材，一旁有扁的黑輪片，想吃什麼就舀什麼，吃完再找老闆結帳就好，所以要記得自己吃了什麼，由於自由心證，希望大家一定要誠實以對。

④鍋爐前的老舊奶粉罐賣著一包2元的小包裝王子麵，內行獨到吃法就是要將麵和湯混入一起變成很有意思的古早味特製湯麵，大家來到這裡記得要試試。

①	
②	④
③	

【瀰濃東門樓】

INFO

景點資訊

地址：高雄市美濃區民族路16巷9號路口

開放時間：全天候24小時

超過200歲的市定古蹟地標
登高城門樓鳥瞰永安老街純樸貌

　　美濃當地著名的古蹟地標「瀰濃東門樓」，約10公尺高，最早期原樓建於西元1756年（清乾隆二十年），相傳是當時瀰濃庄民改建東柵門而成，為防止盜賊匪徒等外人來犯侵襲，有防禦之用。東門樓曾於日治時期遭砲火摧毀，歷經修整重建後，才恢復現今看到的古典樣貌，光是這氣派雄偉如一座古城門的建築物本身就夠有看頭了！以鋼骨水泥建造，基底結構厚實堅固，一樓通道口呈方型拱門，而在日治末期整修的報警鐘樓形式也已拆除不復見，仿清朝龍簷鳳閣屋頂外觀，圓柱上的對聯及匾額題字...等，各都是值得好好欣賞的重點，歷史悠久富饒韻味。

①東門樓是這一帶最顯眼的歷史地標，越靠近看越能感受到那高聳不凡的氣勢。

②客家村落難得一見樓高兩層的古蹟門樓，原樓迄今200多年歷史，日治時期歷經毀損，如今修建樣貌仿傳統城樓形式，保存現狀良好。

　　沿著門樓旁陡峭的階梯往上走，要格外注意安全，踏上二樓平面是圍著護欄四邊開放的景觀台，位居高處的視野和感受遼闊舒爽，將純樸祥和的客家聚落盡收眼底，鳥瞰永安路老街和行駛於平面道路的視覺感截然不同，我很推薦你們走上來看一看唷！

① 城樓上的匾額提上「大啟文明」四個字，為清道光九年（西元1829年）庄民黃驤雲高中進士回鄉時所提，現已是摧毀重建後的模擬版本。
②③城門牆壁豎立「端正風俗牌」和「重修福德壇」兩塊石碑，鑄刻著一段歷史，另一側設置解說牌，讓遊客更快認識眼前這座東門樓。

【美濃庄頭伯公】

INFO

景點資訊
地址：高雄市美濃區民族路16巷9號
電話：07-681-4311
開放時間：全天候24小時

古老歷史的客家信仰伯公壇
鄰近東門樓與美濃溪畔

「美濃庄頭伯公」是美濃地區歷史最悠久的土地公廟，
鄰近東門樓，維持客家伯公壇傳統典型特色。

　　過東門樓繼續往下走，很快就能看見「美濃庄頭伯公」的位置，尤其伯公壇身後那棵高齡百餘年的老榕樹十分醒目，茂密樹蔭旁的涼亭與周圍廣場空地一直是附近居民茶餘飯後、生活閒暇時的習慣去處，適合閒聊交談。美濃客家人所說的 "伯公" 其實就是大家都知道的土地公，也就是福德正神，美濃庄頭伯公壇為地方重要的信仰中心，具古老歷史，光看外觀就與傳統閩南式建築的土地公廟截然不同，以石塊、石板堆砌而建，維持美濃客家典型的露天祭壇形式，在這裡看不到神像；豎立起石碑，刻寫上「福德正神香座位」供奉於此地。在農業為主的純樸美濃客家庄頭，估計至少三、四百座大大小小的伯公壇，數量密集，其中這座「美濃庄頭伯公」即為最具代表性且家喻戶曉的伯公壇，長年庇護這片土地。

①庄頭伯公後方有棵樹齡超過150年的老榕樹，從這角度看過去，彷彿伯公壇戴上一頂綠油油的爆炸頭假髮，富饒趣味，而此榕樹為高雄市珍貴樹木之一。

②伯公壇建於美濃溪畔，走永安老街，經東門樓、美濃庄頭伯公壇再停留美濃溪前，景色又有花花草草、青山綠樹與悠悠溪流作伴，自成一條小而美的輕旅行徒步路線。

【東門冰菓室】

INFO

店家資訊
地址：高雄市美濃區民族路20號
電話：07-681-2270
營業時間：09:00~20:00

頂著藍色扛棒，結合冰店與傳統柑仔店複合式經營，久遠歷史廣為人知。

民國53年創立的老字號冰店
古早味香蕉清冰消暑懷念

　　前往美濃湖的路上，經過一間人滿為患的冰店，仔細一看原來是當地很有名的老字號「東門冰菓室」，至今經營超過五十年，網路文章分享非常多，就連美食節目都專程來報導，再看看現場人聲鼎沸的超高人氣，這裡賣的冰品肯定深獲青睞。滋味傳統的原味清冰，口感綿綿沙沙的，一含進嘴裡立刻化開來，適量的香蕉油增添純冰的香甜味，沒有我想像中那麼甜膩，香氣調味比例恰到好處，清涼爽口。以原味香蕉清冰為基底，延伸出巧克力清冰、四果清冰、紅豆清冰、綠豆清冰、烏梅清冰、情人果清冰、檸檬清冰、雞蛋牛奶清冰、布丁清冰……等等豐富的創新口味，價位主要集中於三十、四十元居多，另外也有賣綠豆湯、冬瓜茶、紅茶、冰沙、豆花這些品項，讓選擇更加多元化，滿足眾遊客們解暑需求，炎熱天氣太適合來吃碗令人懷念的古早味清冰了。

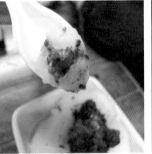

① 入門口，左側為雜貨零食區，右側便看見店家人員忙著製冰送冰等動作。
② 走到底就有排列整齊的木桌椅，這時間店內店外幾乎座無虛席，大家開心吃著古早味冰品。
③ 我們一家人共吃了巧克力牛奶清冰、紅豆牛奶清冰和香蕉清冰，各具風味，享受著美濃人的消暑小確幸。
④⑤紅豆牛奶清冰上層紅豆偏泥狀，並非粒粒分明飽滿，紅豆甜味不會搶過清冰的清香，兩者風味和諧共處，還可以在裡頭加顆雞蛋，也是店家很推薦的升級口味喔！

①	②	
③	④	⑤

【美濃湖】

INFO ·························

景點資訊

位置：高雄市美濃區民權路與泰安路段

電話：07-681-2433

開放時間：全天候開放，建議白天前往

青山綿延圍美麗湖畔
美濃單車漫遊的環湖路線

　　想一覽美濃客家純樸風情與優美怡人的自然景緻，我腦海中直接浮現出「美濃湖」這個遊憩景點，不僅為美濃地區最大湖泊，更是高雄市僅次於澄清湖的第二大蓄水人工湖，過去至今有很多種名稱，像中圳埤、中圳湖、瀰濃湖，又因先總統蔣中正曾親臨美濃而更名成「中正湖」，早年地方先民引圳築湖用於儲水灌溉，湖中搭建涼亭取名「中正亭」，走近湖畔，眼前景色有山有湖，有綠樹草地搭配一座中式涼亭，包圍碧綠農田，再與藍天白雲襯托下，畫面美妙絕倫，同時擁美濃客家山城自然純樸風光。

湖中一座紅色中式風格涼亭-中正亭，與山光水色相互輝映出自然幽美情懷，景色秀麗。

沿著環湖步道前行，闢置觀湖平台、跨湖橋梁、地景藝術品、休息座椅、公共廁所等，景觀綠美化改造之下，保存珍貴的溼地生態與環境資源，每年將有大批過境候鳥棲息，是南部賞鳥愛好者和攝影迷這輩子必朝聖的天堂呀！「美濃湖」規劃成美濃單車漫遊的環湖路線，建議在遊客中心租借腳踏車逍遙騎乘湖畔周圍，貼近客家農村的田園景觀，格外賞心悅目。

① ② ③

①潔白欄杆和豔麗鮮花也能形成湖畔小景，環湖過程用心觀察，會發現許多意想不到的美麗畫面。

②悠閒時光靜賞悠悠湖泊，山明水秀如詩如畫般，這時藍天蓋上了一朵烏雲，增添湖景色調層次。

③周邊規劃環湖步道，可散步欣賞湖畔山巒之美，亦可租借單車展開一段踩風漫遊之旅，同樣愜意。

新春美濃花海季綻放美濃湖畔
踏上絕美繽紛的花地毯，花香陣陣撲鼻

　　高雄美濃，走春踏青的推薦路線，尤其每年的美濃花海季一旦開始，我自己很喜歡和家人一起來這兒拍拍照，沐浴花景香味中，心情格外放鬆。

賞遊花田之餘也會發現許多融入當地農村、客家特色的裝飾與藝術造景。

　　盛大的花海景觀環繞在美濃泰安路這一帶，與美濃湖畔、山巒樹景構成一幅美畫，車行至此，目光早離不開眼前風景。走出車外，自然而然想深深呼吸一大口氣，陣陣濃郁花香撲鼻，是年年不忘的濃郁幸福氣味。這就很像添置幾件新衣服好迎接新的一年的傳統，「美濃」同樣穿起一件獨一無二的花衣裳，陪伴賞花遊客過春節，隨光影落下，閃耀著色彩層次變化，陶醉視覺。

空氣裡瀰漫著淺淺而療癒心靈的花草清香，輕巧流動於鼻息。

①②現場很多大小朋友都搶著跟穿著服裝的稻草人合照。
③泰安路上規劃出一條長長的春節市集，販賣農特產品、美食小吃
　及娛樂遊戲區，每年花海季湧進人潮十分可觀。

①	②
③	

　　搭配「美濃花海」有許多種行程玩法，可趁賞花期間暢遊美濃客家小鎮，玩遍客家村、老街、老建築等史蹟，品嘗道地客家料理更是賞花之後的一大樂事，或者，體驗客家擂茶、客家紙傘製作，深度認識老美濃。再來就是照我這次行程安排走跳美濃新玩意兒，翻新您對美濃的舊印象。

①②闔家旅遊、朋友共遊、情侶約會都適合走走美濃花海季，花色光影呈現浪漫姿態，我和家人每年必到美濃欣賞這片花田。

① │ ②

　　尾聲，花海田園明媚風光，濃郁花香伴隨，拋開現代都市的壓迫感，心境轉換為悠閒舒坦模式，不需多想，單純享受風景，使心情得到難得撫慰，結束春節連假旅遊的其中一天，平靜回程。

③④遼闊綿延的花田猶如一大片漸層色花地毯，融入自然的美濃地方景觀，一戶老厝、一棟閒置舊屋、綠樹山巒襯托，景致怡人。

③ ｜ ④

Chapter 05
六龜山城慢食漫旅

溫泉足湯池
SPA Foot Bathing Pool

花旗木林區
Pink Shower Tree Forest Area

溫泉手湯廣場
SPA Hand Bathing Plaza

地標大佛、低調粉圓冰、特產梅子風味餐、獨創咖啡愛玉、望山賞花再去紓壓泡足湯！

天下第一手聖紀

「六龜大佛」源於西元
二〇〇〇年十二月動土大典
西元二〇〇二年二月二位完成
（銅身佛），施工一二二時
名佛，承下大佛工於江姓工人
一慎拌身。頭部（約6佛樓部
大佛當時施手向大江姓人及
、）時江姓工震撼，送往高雄
不届如鐘響山頭下撞脈及
手高猶時二收留即轉經施診療
，僅作數日作
醫市院八無法，頭時醫院即醫
院院壓正常二泡刀
腦部抽血水及氣閉，病
腦壓出院院6日，普通
加護養病房通常勿需即工地參拜
房3日超工即回江姓工人出佛
院後感即人身體、健康、意庇。
念大願「天下第一命如意庇。
、佑人身體健康、貴氣
高官福祿、貴氣滿萬事如
滿萬事生命如意庇。

佛手聖紀
引本文為念

　　高雄六龜是一座蘊含珍貴的物種生態與豐富自然美景的山城小鎮，春夏秋冬一年四季各有不同景緻樣貌，挑在3月份正適合搭配著春天盛開的粉色系陣雨樹和著名的寶來溫泉體驗，規劃一趟六龜泡湯賞花之旅，將最具魅力的山城之美盡收眼底，足以媲美日本賞櫻仙境，特別把「寶來花賞溫泉公園」放在行程最後一站，為的就是要能一次欣賞到白天與黑夜兩段時間的晨昏變化，不趕時間泡個足湯，望望遠山賞櫻花，使身心靈感到紓壓放鬆，旅途尾聲用最愜意悠閒的方式結束，絕對愉悅。

　　因六龜寶來距離都市較為偏遠，進入六龜區域大都已過了中午，習慣會先停留茍濃溪河岸旁的「十八羅漢山服務區」作為中繼休息站，停車方便，不妨喝杯咖啡吃些小點心充充電後再繼續玩。行經六龜大橋旁會發現阿婆的粉圓攤，古早味粉圓冰可是在地人從小喝到大的熟悉滋味！同遊鄰近的福龜園區和龜王岩不會花太多時間，還能認識地名故事。往寶來的路上，我們先繞去看看六龜最具象徵性的大佛地標，園區設施漸漸增加，備受遊客拍照喜愛。

　　進入寶來大街，就想嚐一嚐道地特產梅子餐，大家的口袋名單一定會有這家超過20年資歷的老字號「寶來小吃部」，採用寶來地區盛產的梅子入菜為最大特色，如梅仔排骨、梅仔雞、梅子魚、山蘇拌梅醋、過貓拌梅醬、梅仔雞湯...等等，風味絕佳，引人垂涎。緊接著飯後甜點轉往隔壁「寶來36咖啡愛玉」，使用六龜在地純天然高山愛玉手工製作，愛玉的好口感不言而喻，小米愛玉和咖啡愛玉是我的心頭好。行程不必塞得滿滿滿，透過 "慢食漫旅" 步調遊六龜山城，沿途呼吸新鮮山林空氣，看看大自然和春季粉色系花景，令人神清氣爽。

路線推薦 1

十八羅漢山服務區 → 六龜粉圓攤 → 福龜園區、龜王岩 →

六龜大佛 → 寶來小吃部 → 寶來36咖啡愛玉 →

寶來花賞溫泉公園 → 回家

路線推薦 2

十八羅漢山服務區 → 六龜粉圓攤 → 福龜園區、龜王岩 →

六龜大佛 → 寶來花賞溫泉公園 → 寶來小吃部 →

寶來36咖啡愛玉 → 回家

【十八羅漢山服務區】

INFO

景點資訊
地址：高雄市六龜區文武里復興巷66號
　　　（台27甲線上）

電話：07-689-3999

開放時間：週一至週五08:30~17:00
　　　　　週六日08:30~17:30

經過美濃往六龜方向移動，銜接台27甲線走，會看到路旁出現招牌「十八羅漢山服務區」八個白色大字，相當醒目。

荖濃溪河岸必遊第一站
親近風景秀麗的「台灣小桂林」

從外縣市千里迢迢來到高雄六龜旅遊，我會建議第一站先在「十八羅漢山服務區」停留半晌，相信這裡會是很棒的中繼休憩站，大家能逛一逛商品販售區，買些農特產品和在地伴手禮，或是吃點茶葉蛋、烤香腸、冰飲品之類的小點心填個肚子，亦可坐下來喝杯咖啡，愜意欣賞眼前純淨怡然的六龜風景，使心情放鬆。服務區增設的一座景觀橋是近幾年才出現的新亮點，橋身規模不長，值得花幾分鐘時間走踏來回，如果想好好認識當地歷史起源，對體驗十八羅漢山生態之旅很感興趣，那就得提前報名預約專人導覽解說，跟著生態解說員的腳步深入探索十八羅漢山自然保護區鮮少被人知道的神祕面，親眼見證六龜珍貴的自然資產。

　　被譽為六龜最美的地理景觀，又素有"台灣小桂林"一稱的十八羅漢山，約大大小小40餘座錐形山脈組成，山峰層疊密集但分佈不規則，經長年雨水沖刷侵蝕，山頭呈現峰峰獨立的奇特景象，近看只能感受到貼近山壁岩層的張力，但要欣賞十八羅漢山壯闊地貌的最佳角度是從對岸隔著荖濃溪遠眺，峻峭特殊山貌宛如燃著熊熊火焰般的感覺，因此又稱「六龜火炎山」，正是台灣三大著名的火炎山地形之一，另外兩座分別是苗栗三義火炎山和南投雙冬九九峰，都很值得一探。

① ②
③

④	⑦
⑤	⑧
⑥	

①② 展售各式各樣的農特產品供遊客挑選，是購買當地伴手禮的好地方！

③ 深色系木式建築表現特色，背靠十八羅漢山，面向荖濃溪，搭配庭園草地和景觀橋，景色秀麗宜人。

④ 十八羅漢山服務區設施完善，提供停車位、公共廁所、涼亭、休息座椅，整建過後的木棧道平坦適合步行。

⑤ 一旁規劃出一有座露天咖啡坊，可停下來喝杯咖啡，坐看綠意美景，呼吸清新空氣，好好享受不同於城市裡的自然愜意。

⑥ 近幾年新落成的景觀橋，行走難易度並不高，老少咸宜，算十八羅漢山服務區的新玩法。

⑦⑧ 並非完全筆直的景觀橋，設計上有些左右彎曲弧度，越往前走說不定能找到自己喜愛的賞景視野喔！在前方空地上很適合練習跳拍技術。

①有一大塊火成岩「九
　龍寶石」躺臥在十八
　羅漢山隧道入口側。
②貫穿十八羅漢山山腳
　下的隧道，共開鑿出
　六個隧道，推薦大家
　報名解說導覽深入認
　識隧道、岩壁等特殊
　地景與隱藏在其中的
　自然生態。

【六龜粉圓攤】

INFO ·······························

店家資訊

位置：高雄市六龜區河邊巷（六龜大橋旁）

營業時間：14:00~賣完為止

六龜大橋旁
60年古早味粉圓冰
六龜人從小喝到大、
連外地遊客都超愛！

①
②

　　阿婆的粉圓攤大約下午兩點左右出現，沒有確切店名，大家習慣直接叫六龜粉圓攤或阿婆粉圓冰，60年來僅靠著古早味手工粉圓傳遍大街小巷，六龜在地居民從小喝到大且一代接著一代，不論大人小孩都喜歡的傳統消暑聖品，直到現在也有越來越多外地遊客順路經過都會停下來買碗粉圓冰喝。便宜無負擔的銅板價格，從不變的製作粉圓手藝，並堅持用料，小顆粉圓煮沸時間掌握精準，口感軟軟滑滑的，不會軟爛，咬起來還帶了點微微綿密感，加上熬煮的糖水風味自然清爽，不甜不膩，讓人想一直喝、一直喝，停不下來！下次行經六龜大橋時，大家別忘了停下車好好品嘗看看阿婆的手工粉圓好味道唷！

①擺設簡易的粉圓冰攤子就在六龜大橋旁，超過一甲子歷史，只要問起六龜在地人沒有人不知道。
②一顆顆小粉圓口感滑順，嫩Q嫩Q的，配上甜而不膩的糖水入口，真的非常好喝！

話說六龜
認識六龜地名由來，
相會六龜福龜園區和龜王岩

　　「阿婆的粉圓攤開始賣了！」坐在車裡，我指向六龜大橋旁的小攤子興奮地說。

　　右轉進入六龜大橋前的小路，臨停在那一面有著彩繪牆的房子邊，隨後就直接站在阿婆的攤位前吃起粉圓冰，看著六龜大橋往來的車輛和荖濃溪畔的風景，我很喜歡這種不疾不徐的

六龜大橋與荖濃溪相伴，眺望遠方壯闊的高山一層一層堆疊，好純粹的山城風景。

"慢食漫旅"步調，每一口粉圓都好有古早味，簡單問了一下營業時間，不然前幾次來到六龜，我們總是撲空這一攤美食，阿婆說：「不一定，平常時大部分下午兩點左右，偶爾會兩點多才出來。」下次安排行程可以稍微拿捏好時間。

①②從六龜大橋旁進入彩繪社區，既然地名稱六龜，那麼彩繪主題當然會與烏龜密合相關，「龜」字彩繪牆尤其特色。　①　②

橫跨荖濃溪兩岸的六龜大橋一直都是當地重要的交通命脈，歷經八八風災中被大水沖斷，災後重建此橋梁樣貌，蝴蝶造型的路燈是大家常忽略掉的小巧思。翻開導覽簡章地圖的標示，六龜龜王岩和福龜園區皆十分鄰近，沿荖濃溪河堤邊的小路繼續往前走，除了看見

藝術家們在社區裡的藝術創作,同時還有精心維護的花園,此時路面變得更小條且不易行走,看著指標一度還懷疑前面真的有龜王岩嗎?……直到一位地方居民告訴我們那就是龜王岩,答案才明朗。

龜王岩的位置在六龜大橋外環道路中,倚靠著荖濃溪畔,被地方里民尊如守護神的地位,一旁建小祠設神位,祭祀龜王,為六龜鄉土祈福平安。

我所知道的六龜地名起源於各種不同說法,多與龜形石有極大關聯,較為耳熟的介紹是說當時聚落後方有三座山脈形似龜形,而庄前溪畔亦有三個龜形巨石,前後相對,因此稱為「六

穿過小路後,經過一座整理得很有特色的社區公園,跟著斑駁的指標一步步往龜王岩的方向前進。

龜」。另外六龜尋十八羅漢山山洞修煉的一段神話故事也為當地增添一層神祕色彩，地方相傳事蹟眾說紛紜，真實說法已不可考，也不多加冗述；不管如何，這些長年累積而來的土地情感與傳奇史事確實也豐富了六龜當地的歷史人文特色。

　　龜王岩自然會是六龜首要象徵指標，特別也在福龜園區打造出五隻福龜石雕，與巨岩「龜王」相呼應，彰顯地名「六龜」意象。而園區裡五隻重達 7.5 公噸的福龜各有吉祥的取名，外型主要參考吉祥獸刻法，具特色又帶福氣，旅途中來這沾沾好運求個平安順利，豐富趣味。

①│②

①②姿態威挺的龜王岩，被亂序樹木遮蔽部分身影，但非凡氣勢依舊。一旁建神龕，供奉著龜王爺，護佑當地居民。

①	②
③	

①離開龜王岩，往六龜大橋另一邊河堤
　旁的道路前進，不到五分鐘路程會看
　到戶外全天開放的「福龜園區」。
②「福龜園區」共有五座福龜石雕，長
　達3公尺，寬與高各1.5公尺。
③六隻小石龜攀附於浪濤中，一端有隻
　魚隨澎湃浪濤躍起，此石雕雕刻栩栩
　如生。

一小段風和日麗的車行記憶
遠離城市囂擾，單純親近山城氣息

　　驅車行駛於旗六公路往寶來的方向，荖濃溪河岸道路兩旁景色秀麗宜人。

　　我想起幾天前自己終於作了要將高雄六龜寫進書裡最後一條路線的決定，為何遲遲還沒確定是因為一直以來我和家人、和朋友玩進六龜從來沒有在這裡泡過一次溫泉，一次沒有。對於擁有「溫泉鄉」之稱的六龜，尤其寶來溫泉區和不老溫泉區又是泡湯愛好者相當喜歡的溫泉勝地，總覺得沒安排到「泡溫泉」的行程似乎少了點什麼，說不上來，也就耽擱了一段時日未下筆介紹，甚至一度有打算先規劃三民區、橋頭區、左營區等區域的玩法，但終究，我還是決定分享六龜，因為我希望這本書裡至少能有個讓大家走出城市塵囂、親近大自然呼吸新鮮空氣的機會。

　　2009年08月高雄六龜受到莫拉克風災重創下，一度失去了原本的模樣，不知不覺走過10多年，歷經災後重建的艱辛過程，相信有許多人共同努力，才能成就此時此刻的，六龜，繼續吸引越來越多人前往旅遊，而當地聞名的「溫泉」也逐步恢復過去榮景，若沒放進六龜旅遊行程裡那就真的太可惜了。

　　寶來溫泉區和不老溫泉區有滿多家溫泉會館、溫泉山莊和露天泡湯池可以選擇，但我必須說，篩選過眾多的泡湯選擇之後，最後我安排的是近期重啟的「寶來花賞溫泉公園」，其實確定要介紹六龜的關鍵一步剛好就是看到一

位朋友IG上面分享了「寶來花賞溫泉公園」的各種美照與泡湯畫面，剛好正逢三月份花旗木盛開的花季，那是我過去對六龜所沒有的粉嫩色印象，能邊賞花還能泡泡足湯，確實打動到我，當下心想：「這絕對是非常適合放入行程最後的景點。」為自己找到六龜之旅最棒的ending暗自竊喜許久。

　　思緒拉回來，正好經過一座大橋，拉下車窗，很隨興地對著眼前由山巒、藍天白雲，搭配著大橋的和諧畫面拍成一張旅途中的記憶，這一路上已經看過新威景觀大橋、六龜大橋、成功吊橋、新寶橋和新發大橋，一座又一座橋梁印入眼簾到底也是六龜區的一種特色。至於下一站呢，我們即將抵達當地最具宗教象徵性之一的「六龜大佛」，又可稱「彩虹山大佛」，這景點打卡人氣很高。

【六龜大佛】

INFO

景點資訊

地址：高雄市六龜區新發里新開路27-1號

電話：07-679-1133

營業時間：08:00~17:00

六龜旅遊行程很值得安排「六龜大佛」這座宗教主題景點，目前知名度很高的六龜打卡地標。

宗教主題打卡地標！
參見20公尺高的壯觀佛像
顯神蹟增建「天下第一手」

　　車過六龜新寶橋後繼續往前行駛，不用五分鐘時間即可到達「六龜大佛」，也稱六龜彩虹山大佛，自2000年12月正式動工興建，歷時15年之久，終於將這座高達20公尺的釋迦牟尼佛銅像呈現眾人眼前，以將近167噸重的銅鑄造，大佛主體龐大壯觀，法相祥和慈目，帶有莊嚴肅穆感，近看氣勢非凡。當時施工過程中，有一位工人一不小心從大佛頭部摔落在大佛的手中，估算距離約6層樓高，本以為傷勢嚴重，經過幾天治療後竟奇蹟似的康復出院，此事蹟流傳開來都認為是佛祖顯靈護佑，於是就在寬廣的園區內多增建一雙佛手，並取名為「天下第一手」紀念此一神蹟。

周圍翠綠山巒環繞，空氣格外清晰，大佛前的這座階梯叫「朝山如意大梯」，拾級而上，至頂端平台由高處向外遠眺，視野相當開闊。佛座地下一樓珍藏一塊重達6892公斤的巨大翡翠玉石，我和大家一樣會去觸碰幾下具靈性的玉石，期盼能淨化磁場、改變運勢，姑且先不論效果如何，摸過至少也有到此一遊的感覺了。這座「六龜大佛」是近幾年來熱度不減的六龜打卡地標，園區設施也越來越多，不僅可以虔誠參拜大佛求個平安，還能在這裡免費取景拍出許多美照！

① ｜ ②

①除了六龜大佛的佛像主體之外，前方的那雙大佛手也是必遊必拍的一大重點喔！在大佛建造期間發生過小插曲，成為一段流傳至今的神蹟故事，進而增建這座巨型的手佛座，感念大佛顯靈庇佑。

②這雙佛手又名「天下第一手」，大家可以或坐或站或臥於手心拍些照片留作紀念。

③想登上頂端平台近看大佛還得爬這條長長的朝山如意大梯，階梯中央刻繪九龍石雕的御路立體感十足，活靈活現。

④佛像前放置銅製香爐和銅条台，不論遊客或信徒皆可在此虔誠朝拜。

⑤傳統宗教雕刻工藝精湛，雕法細膩優美，看起來栩栩如生，令人稱奇。

③｜④｜⑤

①大佛旁的迴廊供奉著12尊
　十二生肖金剛菩薩像,快來
　找找自己所屬的生肖,點支
　香誠心祈福平安。
②生肖的圖案在每一尊金剛菩
　薩肚子上,以十二生肖的守
　護神庇佑娑婆眾生。
③進入佛座下方,放置一塊鎮
　山國寶-緬甸翡翠玉石,很多
　人來到這裡會摸摸玉石沾些
　好運氣,聽說能改善身體的
　磁場喔!

【寶來小吃部】

只要提起寶來大街上必吃美食，少不了這家熱賣超過20年資歷的「寶來小吃部」。

品嘗道地特產梅子風味料理
寶來大街上享譽盛名老字號店家

INFO ·

景點資訊

地址：高雄市六龜區寶來里中正路34號

電話：07-688-1125

營業時間：07:00~21:00

　　六龜寶來的中正路就是大家常說的寶來大街，基本上遊客們都會在這條街上覓食，其中主賣各式梅子風味料理的老字號店家「寶來小吃部」絕對是大家共同會有的口袋名單，在當地享譽盛名，累積20多年的優良口碑。用心嚴選當令食材，採用寶來地區盛產的梅子入菜為最大特色，如梅仔排骨、梅仔雞、梅子魚、山蘇拌梅醋、過貓拌梅醬、梅仔雞湯……等等，可都是店裡的招牌梅子餐，再搭配幾道山產類和炒蔬菜，或幾盤炒飯、炒麵，滿滿一桌好料足以滿足眾多挑嘴饕客的胃，重點是價錢實惠親民，每道菜份量也比想像的還要多，非常適合推薦給一群朋友、一家人到寶來旅遊時的用餐所選，凡吃過一次便會再三回味！

①可別以為這只是單純平凡的炸豆腐，只要沾上香醇濃厚
　的特製梅醬，美味度瞬間升級！炸豆腐口感外酥內軟
　嫩，不油不膩，趁熱吃最好吃。

②炒大腸的酸嗆味入口非常剛好，酸香開胃，超級下飯！

③梅仔雞湯風評最佳，是大家公認必點的熱門湯品，整碗
　湯用料實在，放進土雞肉、高麗菜、薑、肉桂粉和醃製
　好的梅子慢火熬煮，湯頭有酸有甜，特別迷人。

④這道炒野蓮會搭配破布子一起拌炒，吃起來很清脆，口
　味偏清爽甘甜。

①	②
③	④

【寶來 36 咖啡愛玉】

INFO

店家資訊

地址：高雄市六龜區寶來里中正路36號

電話：07-688-1149

營業時間：09:00~21:00（不定休）

「寶來36咖啡愛玉」是中正路大街上最被好評討論的愛玉冰店，有多種愛玉口味好挑選。

在地出名的限量小米愛玉與自創口味咖啡愛玉
專程遠到六龜寶來吃也願意

　　若是剛結束登步道、泡溫泉或品嘗山產美食的行程之後，再喝碗透心涼的愛玉冰，保證會讓每個人享受到不行！要來介紹這間位於寶來小吃部隔壁的「寶來36咖啡愛玉」，說是這裡最出名的愛玉專賣店一點也不為過，許多外地食客願意專程為了它而來，因為店家使用六龜在地純天然高山愛玉，講求手工製作，吃下第一口的愛玉口感給足好印象，比果凍還更Q嫩一點，加上自製糖水，清甜順口不會太死甜，甜度比例適中，涼意暢快。原味愛玉算店裡的經典款，除此還有限量供應的小米愛玉，以及結合小米與紅豆的綜合愛玉，同樣都是人氣品項；桑葚愛玉為季節限定，當季月份才有得吃；如果要比特色，那麼獨家自創的咖啡愛玉完全顛覆想像，品味著濃厚醇香的現磨咖啡，同時又能吃到天然愛玉的滑順Q實口感，彷彿像在吃咖啡凍的新奇感覺，這種口味我還是第一次吃到呢！記憶點非常深刻！

③ | ⑤
---
④

①空間環境和陳設運用大量的木製
　品，頗有韻味，牆上的原木面簽
　滿不同客人的簽名，倒也是六龜
　寶來值得一提的小風景。

②店裡提供多種寶來特產伴手禮，
　如梅精、梅醋、梅粉…等，另有
　販售愛玉子，可以買回家動手體
　驗洗愛玉的樂趣。

③小米愛玉冰是我每來必吃的難忘
　滋味，限量供應，撲空過好幾
　次。黏黏滑滑的小米帶微甜味，
　與清爽涼口的愛玉搭配起來如此
　融洽！

④原味愛玉冰始終是人氣不敗的基
　本款招牌，糖水不會加得非常
　多，裡頭超級清爽，愛玉又多又
　滑溜。

⑤咖啡愛玉給人煥然一新的味蕾享
　受，香氣濃郁的現磨咖啡，搭配
　鮮奶和特製黑糖，每喝一口輕易
　咬到QQ嫩嫩的天然愛玉，風味
　絕妙！

【寶來花賞溫泉公園】

INFO

景點資訊
地址：高雄市六龜區寶來里關山林道上
　　　（寶來國中操場後方）

電話：07-688-3361

營業時間：10:00～21:00

寶來花賞溫泉公園的入口並沒有浮誇設計，反倒以簡單的裝飾呈現出原始山林的自然韻味，一步步登上階梯可抵達公園的溫泉區。

高雄六龜足湯秘境！
露營／住宿／泡湯／望山／賞花
園區樂趣超多樣！

　　3月、4月份造訪「寶來花賞溫泉公園」可以說非常合適，因為這時候是花旗木盛開的季節，花旗木其實又稱泰國櫻花、三月櫻、平地櫻、陣雨樹……等別名，走進園區，數百株花旗木燦爛綻放，身處在粉紅色花朵繽紛填滿的優美氛圍裡，既浪漫又壯觀。這裡亦提供露營區和住宿空間，服務人員告知，豪華狩獵帳設備齊全，含床鋪、冷氣和獨立衛浴湯屋，而且入住贈早餐、大眾spa泡湯券，保證超值享受！

　　寶來花賞溫泉公園重新開放後，整體設施大升級，泡湯區除了基本的足湯、手湯之外，增設新穎的大眾spa泡湯池、盥洗更衣室、廁所、飲水機等設施，得以享受到舒適完善的泡湯環境。寶來地區的溫泉好在泉質溫和不刺激，無色無味，透明清澈，屬弱鹼性碳酸氫鈉鹽泉，泡過一會兒再觸摸皮膚明顯會感覺到嫩滑滑的觸感，因此又有「美肌之湯」一稱，只需買張門票就能在這裡盡情泡著足湯不受時間打擾，坐擁青山粉花盛況美景，視野遼闊，悠哉欣賞。

　　因為開放夜間泡湯，我會安排傍晚前的黃昏之際前來，這樣一來可以同時捕捉白天與黑夜兩段時刻的天色，而且挑起夜燈的園區，靜謐感十足，值得親自感受看看。

①②公園內同時也規劃出露營住宿區，一戶戶充滿特色的帳篷屋林立於園區不同位置，加上浪漫指數破表的粉色系花景點綴，入住這裡猶如仙境般夢幻！
③　一來到大眾湯池的入口處便能先感受濃濃的日本氛圍，環境優雅寧靜，包圍在青山與粉紅花構成的景致中，美不勝收。
④　泡湯區域規劃明確，茅草屋搭起涼亭具南島異國風情，尤其吸睛，如果不想被太陽曬黑，坐在涼亭裡泡足湯是最佳選擇。

①	②
③	④

①以「溫泉」聞名的六龜寶來地區，只需花個百元票價就能輕鬆體驗最道地的泡湯樂趣，溫泉池整潔乾淨。

②夜晚泡湯也滿享受的，當天水溫維持在40度上下，泉質溫和，泡完足湯好紓壓，雙腳肌膚觸感變得好滑好嫩。

③入夜後園區亮起燈光，別有一番愜意風味，很適合待到夜晚靜靜感受一下。

①	②
③	

迷戀粉色系的六龜風貌
泡足湯前悠遊浪漫花賞之路

　　春意漸濃，一路上早有感受，3月份旅遊六龜是我從未有過的特別經驗，趁著傍晚之前天色尚未暗下來，想先走入花賞公園散散步，正值花旗木花季，樹梢掛滿淡粉嫩色澤的花瓣填滿了四周景緻，整座花旗木林區下起一陣陣櫻花雨，走在園區裡鋪設平坦的走道上，腳步頓時放慢速度，應該說，眼前美景似乎有種魔力會讓人步伐想快也快不起來，甚至完全停下來，忘情地駐足花下欣賞。

群山包圍著寶來花賞溫泉公園，種植大量的花旗木成一座林區，遠看如一幅點綴上嫩粉色色澤的風景畫。

花旗木，又有平地櫻花、泰國櫻花、三月櫻、桃紅陣雨樹、桃花陣雨樹多種別名，高雄美濃和六龜寶來都有很棒的賞花地點，重新啟用的寶來花賞溫泉公園是鮮少人知的六龜花旗木私房秘境，每當迎來花季盛開期，數量龐大的花旗木相繼綻放，遠遠一看像極了一件淡粉色與嫩白色點綴的設計服裝，成為當季時下話題穿搭，輕易吸住眾人目光，一次次地按下快門，想將粉色系的六龜風貌記錄起來，回顧時依舊迷戀。

寶來花賞溫泉公園規劃還不算非常大，但環境維護用心，路面平坦好行走，老少咸宜，很適合攜家帶眷一起來悠遊欣賞花旗木繁花盛開的絕美景色，美麗的山巒包圍著四周，清清淡淡的花香在空氣裡流竄，溫度涼爽宜人，若要將這裡形容成是一座人間仙境，我會很同意，真的。

①
②
③

接著，該輪到六龜之旅的一大重頭戲「泡溫泉」，這也是寶來花賞溫泉公園可享受到的樂趣之一，玩了整個半天，走了很多路，花一張百元鈔票，在泡湯區泡泡足湯，讓雙腳輕鬆片刻。六龜寶來地區的溫泉會被譽為是「美人湯」並非浪得虛名，水質優異，泡完膚質變得光滑好摸。下一次，我會記得備好泳衣，就能到SPA池全身好好泡個痛快！

① 經規劃後新啟用的寶來花賞溫泉公園設施區域明確，泡湯之前非得來景觀水池和花旗木林區看看，藉由美景撫慰心靈。

④
⑤

②③走進粉紅色步道，花旗木陣雨樹宛如櫻花盛開，有種闖入日本賞櫻秘境的幸福錯覺感，畫面煞是美麗。抬頭一看，滿樹燦爛的粉色花朵綻放，不論從哪個角度欣賞都好美！

④⑤每年三月份是花旗木花季開始的時間，大家可以把握此季節一遊園區，置身在滿開的粉紅色花瓣下還真是種享受啊！

【後記】
因為完成夢想，
才有機會能認識你們大家

常常想著，這幾年來對寫書的堅持，是為了什麼……

如果說是為了賺錢，那麼，我可以直說：「這不是一個很聰明的方法。」

表面上來看，「旅遊、出書、賺錢」可以一起進行或許是一件非常酷、非常特別的事，但其實私底下每每忙得焦頭爛額、日夜顛倒的日子卻很少對人提起，從安排路線、跑行程、了解美食和景點的故事、翻書蒐集資料、爬文做功課（例如什麼好吃或什麼好拍等等……），再回頭開始整理照片、寫稿、交稿、校稿…就像一場長時間的拔河，必須持續不懈地進行每一項環節，才能呈現出一本好作品。我並不知道自己能一直出書到什麼時候，所以還是得有一份可以維持收入的額外工作。白天工作，假日出遊跑景點，僅利用晚上時間專心埋首於「寫書」，往往一整天下來的休息時間大概就只有閉上眼睡覺時了……

現實面大致說到這就好，因為自始自終我從未去計較過做這件事情所需花費的時間成本，相同的，要耗費的精神、體力、金錢也不在自己的考量內，'當認真想實現夢想的信念越是強烈，那些成為阻撓的負面因素將逐漸渺小、散去；大約去年12月初，我的第一本《凱南帶路遊高雄》正式出版，同時間也幸運談成下

一本《凱南帶路遊高雄II》的出版合作機會，我決定再一次走上這條「夢想」道路，帶著無比強大的信念繼續追夢，我告訴自己，不管還能寫多久，當下有個機會擺在眼前，就該把握！

常常想著，這幾年來對寫書的堅持，到底是為了什麼……

現在回頭再看，再問問自己，心中好像漸漸有了答案。

因為一本《凱南帶路遊高雄》，我和許多人有了相遇的緣分，在2020五月天演唱會上的美食區、旗津區、潮州鎮、左營區「泮咖啡 PAMMA COFFEE」、新興區「快樂魔法屋義大利麵」、美濃區「濃夫生活」、2020美濃走走市集、旗山區「碧蓮餐館」……等等，之中有久未見面的老朋友，也有因為看見這本

書而認識到我的新朋友、讀者們，我們在不同場合、不同地點見面，一起留下合照並親手簽書，彼此用這本書交流高雄旅遊的話題，我很謝謝你們，願意在自家的書櫃裡為《凱南帶路遊高雄》留個位置。

　　不久前有一位住在高雄的讀者用臉書私訊我，傳來一張帶著我的書坐在高雄輕軌的照片，他說她剛從書店買了書，接著就直接開始玩高雄，正準備要照著我規劃的前鎮區路線玩起，當下收到訊息的我是既高興又感動，卻也趕緊補充幾個沒寫進書裡的景點和美食，希望對方能玩得更盡興，諸如類似的訊息偶爾會出現，親朋好友的祝福一則接一則捎來，這些持續收到的鼓勵與支持，使我在這半年裡撰稿《凱南帶路遊高雄II》時總特別起勁，搞得再累再疲憊也很值得。

　　常常想著，這幾年來對寫書的堅持，到底是為了什麼……

　　我想說，無庸置疑，這是我熱愛做的事；而一方面，「寫書」是我的人生夢想，完成夢想，我才有更多機會遇見、認識來自四面八方也為旅遊同好的你們大家；為此，我會繼續寫下去。

　　就在《凱南帶路遊高雄II》交稿給出版社之後，我給自己放假了幾天，說來奇妙，停下走得老快的步調總會有些意想不到的新發現，我依然會一直分享旅程、介紹觀光、尋地方美食，但現在的我又多個新的身分、新的去處，那就是我即將要在高雄六龜區「茂林國家風景區管理處」展開人生的下一段旅途！

　　認真工作，認識茂林，深度旅遊茂林，是我給自己的下個課題，或許也是《凱南帶路遊高雄II》的下一回篇章，那就……拭目以待囉！

釀旅人48　PE0181

凱南帶路遊高雄II
挖掘鳳山、苓雅、前鎮、美濃、六龜新路線，
輕鬆打造港都風潮小旅行！

作　　者	凱南
責任編輯	喬齊安
圖文排版	周怡辰
封面設計	蔡瑋筠

出版策劃	釀出版
策劃公司	傑拉德有限公司、迪迪製作所有限公司
製作發行	秀威資訊科技股份有限公司
	114 台北市內湖區瑞光路76巷65號1樓
	電話：+886-2-2796-3638　傳真：+886-2-2796-1377
	服務信箱：service@showwe.com.tw
	http://www.showwe.com.tw
郵政劃撥	19563868　戶名：秀威資訊科技股份有限公司
展售門市	國家書店【松江門市】
	104 台北市中山區松江路209號1樓
	電話：+886-2-2518-0207　傳真：+886-2-2518-0778
網路訂購	秀威網路書店：https://store.showwe.tw
	國家網路書店：https://www.govbooks.com.tw
法律顧問	毛國樑　律師
總 經 銷	聯合發行股份有限公司
	231新北市新店區寶橋路235巷6弄6號4F
	電話：+886-2-2917-8022　傳真：+886-2-2915-6275

出版日期	2020年7月　BOD一版
定　　價	450元

國家圖書館出版品預行編目

凱南帶路遊高雄. II：挖掘鳳山、苓雅、前鎮、美濃、六龜新路線,輕鬆打造港都風潮小旅行! / 凱南著. -- 一版. -- 臺北市：釀出版, 2020.07
　　面；　公分. -- (釀旅人；48)
BOD版
ISBN 978-986-445-395-5(平裝)

1.旅遊 2.高雄市

733.9/133.6　　　　　　　　109008407

讀者回函卡

感謝您購買本書，為提升服務品質，請填妥以下資料，將讀者回函卡直接寄回或傳真本公司，收到您的寶貴意見後，我們會收藏記錄及檢討，謝謝！如您需要了解本公司最新出版書目、購書優惠或企劃活動，歡迎您上網查詢或下載相關資料：http:// www.showwe.com.tw

您購買的書名：_____

出生日期：_____年_____月_____日

學歷：□高中 (含) 以下　　□大專　　□研究所 (含) 以上

職業：□製造業　□金融業　□資訊業　□軍警　□傳播業　□自由業
　　　□服務業　□公務員　□教職　　□學生　□家管　□其它_____

購書地點：□網路書店　□實體書店　□書展　□郵購　□贈閱　□其他

您從何得知本書的消息？

　□網路書店　□實體書店　□網路搜尋　□電子報　□書訊　□雜誌

　□傳播媒體　□親友推薦　□網站推薦　□部落格　□其他_____

您對本書的評價：（請填代號　1.非常滿意　2.滿意　3.尚可　4.再改進）

　封面設計____　版面編排____　內容____　文／譯筆____　價格____

讀完書後您覺得：

　□很有收穫　□有收穫　□收穫不多　□沒收穫

對我們的建議：_____

_____

_____

_____

11466
台北市內湖區瑞光路 76 巷 65 號 1 樓

秀威資訊科技股份有限公司　　　收

BOD 數位出版事業部

....

（請沿線對折寄回，謝謝！）

姓　　名：＿＿＿＿＿＿＿＿＿　年齡：＿＿＿＿　性別：□女　□男

郵遞區號：□□□□□

地　　址：＿＿＿＿＿＿＿＿＿＿＿＿＿＿＿＿＿＿＿＿＿

聯絡電話：(日) ＿＿＿＿＿＿＿＿＿＿　(夜) ＿＿＿＿＿＿＿＿＿＿

E-mail：＿＿＿＿＿＿＿＿＿＿＿＿＿＿＿＿＿＿＿＿＿